Katholisch als Fremdsprache

Katholisch als Fremdsprache

Einander verstehen –
gemeinsam vorwärts gehen

WeG Verlag

Autoren: Dr. Johannes Hartl und Leo Tanner

WeG
Verlag

Kontakt: sekretariat@weg-verlag.ch

Covergestaltung: Dr. Johannes Hartl, Gebetshaus e.V. D-86199 Augsburg

Druck: Fuck, Druckerei und Verlag, D-56072 Koblenz

1. Auflage 2015

ISBN 978-3-909085-95-8

Inhaltsverzeichnis

Vorwort

Die vorliegende Schrift geht auf vier Vorträge von Dr. Johannes Hartl zurück, die er im Frühjahr 2014 zum Thema: „Katholisch als Fremdsprache» gehalten hat. Mit diesem Thema bringt er zum Ausdruck, dass manches in der katholischen Kirche, Christen anderer Konfessionen fremd, ja wie eine Fremdsprache erscheint.

Der Grundduktus der vier Vorträge wurde in dieser Schrift thematisch übernommen. Leo Tanner hat die Vorträge bearbeitet, ergänzt und mit Impulsen versehen, die ihm in seiner Verkündigungs- und Seelsorgetätigkeit oft begegnet sind.

Der Sprachstil dieser Schrift folgt ein Stück weit dem gesprochenen Wort. Deshalb ist manches im Präsens geschrieben, dialogisch und ein Stück weit Umgangssprache. Wenn zwei Menschen aus verschiedenen Ländern mit unterschiedlichen Sprachen versuchen sich zu unterhalten, werden Zuhörende bei manchen Äusserungen schmunzeln, weil sie sich alles andere als sprachlich perfekt ausdrücken. (Vielleicht geschieht dies auch bei dieser Schrift dann und wann.) Doch die Hauptsache ist nur, dass beide sich verstehen.

Beim Lesen dieser Schrift wird auffallen, dass die Pronomina für den Dreifaltigen Gott mit einem grossen Anfangsbuchstaben beginnen. Damit wollen wir auch optisch darauf hinweisen, dass Gott für uns das grosse DU ist, um Den es vor allem im Leben geht.

Wir danken allen ganz herzlich, die zu dieser Schrift beigetragen haben, insbesondere Petra Lorleberg für die Mitwirkung bei der Erstellung des Vortragmanuskriptes von Dr. Johannes Hartl. Dann auch dem ganzen Verlagsteam für die ehrenamtliche Mitarbeit.

Möge der Heilige Geist uns erleuchten, damit wir – ob katholisch, evangelisch, freikirchlich - einander besser verstehen lernen und offen werden für das, was Er uns durch die Wege und Erfahrungen der anderen Gemeinden und Kirchen heute sagen will.

Johannes Hartl und Leo Tanner

Einige Gedanken zuvor ...

31. Oktober 2017

Am 31. Oktober 2017 vor 500 Jahren begann die Reformation. 500 Jahre Reformation, ein grosses Jubiläum! Grund zum Feiern!? Ja und Nein! Nein, denn können wir Christen eine Spaltung feiern, die objektiv eine „Sünde" ist? Jesus hat um Einheit und nicht um Spaltung gebetet: *„Ich bitte nicht nur für diese hier, sondern auch für alle, die durch ihr Wort an mich glauben. Alle sollen eins sein: „Wie du, Vater, in mir bist und ich in dir bin, sollen auch sie in uns sein, damit die Welt glaubt, dass du mich gesandt hast" (Joh 17,20–21).*

Feiern – Ja! Wir wollen unseren Gott feiern, der durch alle menschliche Sünde hindurch der Kirche unfassbar grosse Gnaden geschenkt hat. Wie können wir das verstehen? Papst Johannes Paul II. (1920–2005) sagte: „Warum hat der Heilige Geist die Spaltungen unter den Christen zugelassen? Eine eher negative Antwort sieht im Auseinanderbrechen der christlichen Einheit die bittere Frucht der Sünden der Christen. Eine andere, positivere Sicht vertraut auf Ihn, der das Gute sogar dem Bösen, den menschlichen Schwächen, abzugewinnen vermag: Könnte es nicht so sein, dass diese Auseinanderentwicklungen ein Weg waren und sind, damit die Kirche die vielfältigen Reichtümer entdeckt, die im Evangelium Christi und in der von Christus bewirkten Erlösung enthalten sind? Vielleicht hätten diese Reichtümer anders nicht ans Licht gelangen können..."

Was will der Heilige Geist heute? Vielleicht, dass wir diese neuentdeckten Reichtümer miteinander teilen und die Kirche dadurch als Braut Christi in neuer Schönheit erstrahle?!

Zu dieser Schrift

Diesem Anliegen will diese Schrift dienen. *Einander verstehen* lernen, steht deshalb im Zentrum. Evangelisch-freikirchliche Christen[1] und katholische Gläubige wachsen in unterschiedlichen Glaubenskulturen auf und kommen deswegen auch zu, oft sehr unterschiedlichen

[1] Wir verwenden diesen Ausdruck als Chiffre im zweifachen Sinn. Erstens sind damit alle Christen gemeint, die aus der Reformation hervorgegangen sind wie die Evangelischen, Protestanten, Reformierten sowie alle Freikirchen. Zweitens weisen wir darauf hin, dass wir hier, bei der Chiffre katholische Christen und in der ganzen Schrift den Begriff Christen und ähnliche Begriffe phänomenologisch und nicht geschlechterspezifisch verstehen. Deshalb verzichten wir jeweils auf die weibliche Form (z.B. Christinnen).

Sichtweisen. Das hat mit eigenen Denkmustern zu tun, die uns oft so selbstverständlich sind, dass wir sie gar nicht hinterfragen. Wie kommt es zu unterschiedlichen Denkmustern? Da spielen in der Regel die Prägungen der eigenen Erziehung eine grosse Rolle. Deshalb können wir einander nur verstehen, wenn wir die Geschichte, die Kultur in der jemand aufgewachsen ist, kennen.

In dieser Schrift wollen wir dem ein Stück weit nachgehen. Wir wollen die Geschichte beleuchten, Verständnis füreinander wecken und darlegen, wie evangelisch-freikirchliche und katholische Christen zu ihren Ansichten, Überzeugungen und Lehren kommen. Dabei werden wir nicht in theologische Details oder Spitzfindigkeiten gehen. Wir wissen, dass es immer verschiedene Gesichtspunkte zu allen Fragen gibt. Dennoch versuchen wir, uns wesentlich scheinende Aspekte, einfach (für Fachtheologen vielleicht zu einfach) und nicht hochtheologisch darzulegen, sodass sie jeder verstehen kann. Katholische Christen können erstaunt sein, dass wir vieles auch biblisch begründen. Doch für evangelisch-freikirchliche Gläubige ist dies, aufgrund ihres Glaubensverständnisses, unabdingbar und oft das Einzige, was für sie zählt.

Es geht in dieser Schrift nicht ums Rechthaben. Wir wollen niemanden von einer Sichtweise überzeugen. Dennoch möchten wir Türen öffnen, neue Sichtweisen aufschliessen, bisherige Festlegungen und Selbstverständlichkeiten hinterfragen und aufbrechen. So laden wir zur *Reflexion* über Punkte ein, die uns wichtig erscheinen.

Diese Schrift will kein wissenschaftliches Buch sein, sondern eine geistliche Sicht vermitteln. Deshalb wird weitgehend auf den wissenschaftlichen Apparat verzichtet und es werden auch Zitate erwähnt, deren Quellen wir nicht mehr eruieren konnten. Themen und Fragen, die Einzelne interessieren, haben wir im *Anhang* noch etwas ausführlicher behandelt. Sie wollen vor allem der Information dienen.

Wir beide sind Christen, die in der Tradition der katholischen Kirche[2] stehen und aus ihr leben. Dadurch werden diese Darlegungen automatisch einseitig sein, ohne umfassende Objektivität. Denn dazu fehlt die Gegendarstellung aus kompetenter evangelisch-freikirchlicher Sicht. Doch vielleicht hilft da und dort bereits die Erkenntnis: „Aha, so kann man dies auch sehen!“

Eine Vision ...

Wir wollen nicht beim Verstehen bleiben, sondern Ausschau halten nach dem, wie der Herr uns heute weiterführen will. Wir können die

---
2 In der Umgangssprach bedeutet „katholische Kirche“ meist die „römisch-katholische Kirche (Konfession)“.

Kirche dabei mit einem riesigen Schwimmbecken vergleichen. Der Heilige Geist ist das Wasser. In diesem Schwimmbecken haben die Menschen angefangen Mauern zu bauen, immer mehr und immer grössere. Das hat dazu geführt, dass man nicht mehr über die eingemauerten Bereiche hinausschauen konnte und diese selbst immer enger wurden. So sehen auch heute noch viele nur den eigenen Bereich, die eigene Kirche, Konfession, Gemeinde oder Gruppe. Sie sind der Überzeugung, dass sie allein die Kirche (oder die richtige Kirche) des Herrn seien. Was macht nun der Herr des ganzen Schwimmbeckens, um diese Situation zu verändern?

Er lässt immer mehr Wasser ins Schwimmbecken hereinfliessen. Mit dem Steigen des Wasserspiegels stellen viele erstaunt fest: Auf der anderen Seite der Mauer gibt es ja auch noch Menschen und das Schwimmbecken ist viel, ja viel grösser als sie dachten. Das kann irritieren, verunsichern... Doch langsam beginnen sie sich über die neuen, noch etwas fremdartig erscheinenden Geschwister zu freuen. Sie beginnen sich füreinander zu interessieren und merken: Wir können ja voneinander lernen und einander beschenken!

Ja, und wenn der Herr dann noch mehr Wasser ins Schwimmbecken einfliessen lässt, ... Dann werden wir immer mehr Gottes Blick und Horizont erkennen, denn Gottes Familie ist viel grösser als unsere bisherigen Erfahrungen. Das gilt wohl auch für Seine Pläne, die Er für unsere Tage hat.

Ein Blick über den eigenen Kirchturm hinaus ...

Wie können wir heute Seine Pläne erkennen? Jesus spricht davon, dass wir auf die Zeichen der Zeit achten sollen: *„Wenn der Südwind weht, dann sagt ihr: Es wird heiß. Und es trifft ein ... Das Aussehen der Erde und des Himmels könnt ihr deuten. Warum könnt ihr dann die Zeichen dieser Zeit nicht deuten? Warum findet ihr nicht schon von selbst das rechte Urteil?“ (Lk 12,55–57)* Als beim Apostelkonzil *„ein heftiger Streit entstand“*, weist Petrus darauf hin, dass aller Streit und alle Diskussionen unnütz seien, weil *„Gott schon längst hier ... die Entscheidung getroffen“* habe *(Apg 15,7).* Gott trifft Entscheidungen und gibt Zeichen. Das ist auch heute noch so.

Auf zwei ermutigende Zeichen wollen wir hinweisen. Doch vorher wollen wir einen statistischen Blick auf das momentane „Schwimmbecken“ werfen: Laut einer Statistik von Dezember 2011 gibt es zur Zeit: 2‘184‘060‘000 Christen. Das sind 31,7 % der Weltbevölkerung. Davon sind 50,1 % (1‘094‘610‘000) katholisch, 36,7 % (800‘640‘000) sind protestantisch, (dazu gehören, die Kirchen die aus der Reformation hervorgegangen sind, die Anglikanische Kirche sowie alle Freikirchen), 11,9 % sind orthodox (260‘380‘000) und andere Christen, (dazu gehören hier auch solche, die wir als „christliche Sekten“ bezeichnen wie z. B. die Zeugen Jehovas, die Mormonen, ...) das sind dann noch 1,3 % (28‘430‘000).[3]

Erstaunlich ist vor allem das Wachstum der protestantischen Kirchen. Das hat wesentlich auch mit der Entstehung der Pfingstbewegung zu tun. Die Bezeichnung „Pfingstbewegung“ (englisch: pentecostal) weist auf das Pfingstfest hin, an dem, wie die Apostelgeschichte berichtet, der Heilige Geist auf die im Obergemach versammelte Jüngergemeinde herabkam. Diese Ausgiessung des Heiligen Geistes wird auch „Taufe im Heiligen Geist“ genannt.

Diese Taufe im Heiligen Geist, die Erfahrung des Feuers von Pfingsten erlebt im Jahr 1906 eine Gruppe in der Azusa-Street-Mission in Los Angeles. Diese Menschen beginnen, die Erfahrung weiterzugeben. Daraus entsteht die Pfingstkirche. Welche missionarische Kraft und gewaltige Dynamik von dieser Gruppe ausgeht, zeigt, dass Ende des 20. Jahrhunderts ca. 250 Millionen Menschen persönliche Pfingsterfahrungen machten und zu dieser Kirche gehören. (Vgl.: Von 0 bis 250 Millionen in einem knappen Jahrhundert!)

Dieser pfingstliche Aufbruch griff im 20. Jahrhundert auch auf die anderen Kirchen über. In der katholischen Kirche geschah dies im Februar 1967 an der katholischen Universität von Pittsburgh. Heute gehören 26,7 % aller Christen, quer durch die verschiedenen Kirchen, der pfingstlich-charismatischen Bewegung an und damit einer neuen „Form“ des Christseins, das es – wohl bei Einzelpersonen und einzelnen Gruppen immer wieder gab – in diesem Ausmass aber vermutlich über 1500 Jahre nicht mehr gab.

Eine weitere Veränderung, welche die Kirchengeschichte prägen wird, geht zur Zeit in China vor. Zwei Jahrhunderte haben europäische Missionare mit wenig Erfolg versucht, zu missionieren. Nachdem die europäischen Missionare in den 1950er Jahren des Landes verwiesen wurden und nachdem während der Kulturrevolution das religiöse Leben streng verboten war, hat das Christentum in den letzten dreissig Jahren ohne wesentliche ausländische Unterstützung einen massiven Aufschwung genommen.

---

[3] Die Zahlen stammen von: PewResearch Center’s Forum on Religion & Public Life Dezember 2011, heruntergeladen am 24. 3. 2015).

Derzeit gibt es in der Volksrepublik China nach offiziellen Angaben etwa 19 Millionen Christen. Das PewResearch Center's Forum schätzt die Anzahl jedoch auf 67 Millionen, andere Schätzung gehen bis zu 130 Millionen. Das hat damit zu tun, dass nur ein Teil der katholischen und evangelischen Kirche, nämlich die „Katholisch-Patriotische Vereinigung“ und die „Kirchen der patriotischen Drei-Selbst-Bewegung“ offiziell zugelassen sind, nicht aber die katholischen Untergrundkirche und die evangelischen Hauskirchen.

Die protestantische wie auch die katholische Kirche in China gehören zu den am schnellsten wachsenden Religionsgemeinschaften weltweit. Jedes Jahr steigt die Zahl der Christen um mindestens eine Million. Das stärkste Wachstum verzeichnen die Hauskirchen, die nach Schätzungen bis zu 60 Millionen Mitglieder haben. Das Engagement der Gläubigen, ihre Vitalität und spirituelle Hingabe sind bewundernswert.[4]

Es gibt aber nicht nur ein grosses Wachstum der Freikirchen in China, sondern auch in anderen bevölkerungsreichen Ländern wie Brasilien und Afrika. Fast parallel dazu schrumpfen die Volkskirchen, vor allem in Europa massiv. Das wird in den nächsten Jahren das Angesicht der Christenheit wesentlich verändern und auch vielfältiger machen...

Im Blick auf die Kirche im deutschen Sprachraum können wir uns schmerzlich fragen: Warum sehen und erleben wir so wenig von diesem machtvollen Wirken Gottes?[5] Wir erleben es entmutigend: Die Kirche verliert fortlaufend an Gläubigen, an Einfluss, an Kraft, an Glaube, an ... Ein Pfarrer hat dies halb ernst, halb scherzhaft so gesagt: „Ich habe

---

[4] 1993 begann die Shouwang-Gemeinde mit einem Bibelkreis und ist seit 2007 eine der grössten Hausgemeinden Chinas. Seit April 2011 versammelte sich die Gemeinde an über 60 Sonntagen in einem öffentlichen Park. Anfangs verhaftete die Polizei fast jeden Sonntag Hunderte von Gläubigen. Doch die Gottesdienstbesucher liessen sich nicht abschrecken, sondern versammeln sich seither weiter unter freiem Himmel. Ein Gemeindemitglied sagt gegenüber HMK: „Von der Polizei verhaftet zu werden gehört für uns Gläubige inzwischen zum Alltag. Wir betrachten es als eine Gelegenheit, um Zeugnis zu geben. Viele Polizisten waren noch nie zuvor einem Christen begegnet. Aber wenn sie sonntags kommen um uns zu verhaften, dann erleben sie, was Christsein bedeutet.“ Wenn die Shouwang-Mitglieder von der Polizei festgenommen und auf die Wache gebracht werden, singen die Gläubigen Hymnen, loben Gott, beten und lesen laut vor den Polizisten aus der Bibel vor. Die Christen widersetzen sich der Verhaftung nicht und bleiben friedlich.

Es ist interessant zu sehen, wie die Polizisten darauf reagieren. Viele von ihnen erkennen, dass diese Christen friedlich sind und anerkennen das. Einige der Polizisten haben Mitgliedern der Shouwang-Gemeinde gesagt, dass sie von ihnen gelernt haben, keine Vergeltung zu üben. Einige haben den Christen sogar im Vertrauen mitgeteilt, dass sie auch Christen werden wollen, sobald sie aus ihrem staatlichen Amt ausscheiden. (Quelle: HMK – Hilfe für Mensch und Kirche CH-Thun)

hier an meinem Ort mit ‚fortlaufendem Erfolg' gearbeitet!" Denn trotz all seiner Bemühungen hat sich die Zahl der aktiven Gläubigen in den letzten 20 Jahren seines Wirkens um die Hälfte verringert.

Wie können wir Christen im deutschen Sprachraum wieder an Ausstrahlung gewinnen? Wie kann das Christsein wieder attraktiv werden? Was können wir voneinander lernen? Dem wollen wir nun nachgehen. Wir beginnen mit: Wie kommt es zur Situation der Christenheit, so wie sie heute ist? Dazu betrachten wir die zweitausendjährige Geschichte der Kirche. Was können wir daraus für heute lernen? Anschliessend betrachten wir drei Bereiche, die unterschiedlich gewachsen sind und weisen auf Wege hin, die zum besseren gegenseitigen Verständnis und zu einem vertieften Herzensmiteinander führen können.

---

[5] Es gibt auch bei uns einzelne wachsende und boomende Gemeinden, Bewegungen und Gemeinschaften. Doch insgesamt ist die Situation der Christen bedrückend und besorgniserregend.

1. "Lerne aus den Jahren der Geschichte!"

Durch das ganze Alte Testament zeigt sich Gott als derjenige, der in den Ereignissen der Geschichte und im ganzen Volk Gottes gegenwärtig ist und wirkt. Deshalb die Ermahnung: *„Denk an die Tage der Vergangenheit, lerne aus den Jahren der Geschichte!" (5 Mos/Dtn 32,7a).* In der Geschichte können wir erkennen, wie Gott wirkt. So zeigt der „gläubige Rückblick", in dem richtige und falsche Schritte, Um- und Irrwege ans Licht kommen dürfen, meist den nächsten richtigen Schritt. Gott offenbart uns Seine neuen Wege, indem Er uns die Vergangenheit aufschliesst. Deshalb ist die Beschäftigung mit der Geschichte des Volkes Gottes, der Kirche, hilfreich.

Dazu gibt es einen weiteren Grund: Wenn wir jemanden kennen lernen, dann fragen wir diese Person, woher sie komme, was sie alles erlebt habe,... Erst, wenn wir wissen, was diesen Menschen alles geprägt hat, können wir ihn besser verstehen. Das gilt auch für die Geschichte des Christentums. Dabei ist ein wichtiger Grundsatz: Nicht von heute aus zu urteilen, sondern uns in die damalige Situation hineindenken und von dort her zu verstehen suchen.

Als Standardwerk über die Kirchengeschichte gilt das siebenbändige Werk „Das Handbuch der Kirchengeschichte" von Hubert Jedin (1900 bis 1980), an deren Erarbeitung 48 europäische Fachwissenschaftler beteiligt waren, ein riesiges Werk! Aus dieser Fülle werden wir einige subjektiv gewählte Ereignisse und Etappen des Christentums darlegen, eine Art Zeitraffer der 2000-jährigen Geschichte der Christenheit.

Zur Reflexion

Kirche – da kann es gut sein sich selbst zu fragen: „Welches Bild habe ich vor Augen, wenn ich an die Kirche denke? Ist die Kirche etwas, das langsam wächst wie ein Baum oder etwas, das von Anfang an komplett vorhanden ist?"

Da können bereits erste konfessionsunterscheidende Aspekte zutage treten. Die eher katholische Denkweise ist: Der Herr hat den Anfang gemacht. Er hat die Apostel berufen und den Heiligen Geist gesandt, der Seine Kirche nun immer tiefer in die Wahrheit einführt. Die eher evangelische oder die freikirchliche Denkweise sieht es so: Das wahre Christentum ist in der Urgemeinde zu finden. Dann kamen 2'000 Jahre voller Kompromisse, verknüpft mit weltlicher Macht und

Reichtum, was zu manchen problematischen Auswüchsen wie Kreuzzügen, Hexenverbrennungen und der Inquisition führte. Echte Christen müssen sich in erster Linie auf das zurück besinnen, was am Anfang war.

Der Beginn des historischen Wachstums

Dennoch: Das Christentum hat eine 2'000 jährige Geschichte. Stellen wir uns einen Samen vor, aus dem nach und nach ein Baum gewachsen ist. Der Baum hat sich verästelt, einige Äste sind abgefallen und so weiter. Dieses Bild zeigt: Im Samen ist das Wesen des Baumes von Anfang an da, doch er muss erst wachsen...

Wenn wir in diesem Bild bleiben, stossen wir bald auf weitere Fragen: Was ist genau der Same? Mit was fängt das Christentum, mit wem fängt die Kirche an? Das ist gar nicht so eindeutig festzulegen. Wir können zunächst sagen: Die Kirche fängt mit Jesus an. Doch Jesus ist nicht die Kirche, sondern die Anhänger Jesu, die Gemeinschaft der Gläubigen. Und wo hat diese Gemeinschaft angefangen? Mit den Jüngern Jesu? Doch alle Jünger waren Juden. Die Geschichte des Volkes Gottes aber begann schon viel früher und umfasst das ganze Volk Israel.

Da sagen aber Einige: Konstitutiv für die Kirche sind doch die Zwölf Apostel. Der Anfang der Kirche ist demnach das Abendmahl, als Jesus den Neuen Bund stiftet und den Zwölf Aposteln den Auftrag gibt, diese Stiftungsfeier weiter zu pflegen.

Andere wiederum sagen: Die Kirche beginnt mit Pfingsten, als die Jüngerschar mit dem Heiligen Geist erfüllt wurde. Deshalb nennen viele, Pfingsten, den Geburtstag der Kirche. Katholische Denker sagen: Es gibt vor den Jüngern schon jemanden, der den Heiligen Geist empfangen hat: Maria! Sie habe das Wort vom Engel gehört, habe als Erste Ja gesagt und den Heiligen Geist empfangen. Das sei die Definition von Kirche.

Auch wenn es unterschiedliche Ansätze gibt, übereinstimmend ist: Die Kirche hat irgendwie angefangen. Ein wesentlicher Moment, der zur Geburt oder zum Wachstum der Kirche führte, bestand im Missionsbefehl, der erfüllt vom Heiligen Geist nach Pfingsten mit Freude und Begeisterung ausgeführt wurde: *„Mir ist alle Macht gegeben im Himmel und auf der Erde. Darum geht zu allen Völkern und macht alle Menschen zu meinen Jüngern; tauft sie auf den Namen des Vaters und des Sohnes und des Heiligen Geistes, und lehrt sie, alles zu befolgen, was ich euch geboten habe. Seid gewiss: Ich bin bei euch alle Tage bis zum Ende der Welt" (Mt 18,20).*

1.1. Die Urkirche (bis ca. 100)

Nach Pfingsten beginnt der Baum zu wachsen. Durch die Verkündigung, Zeichen und Wunder der Apostel und der ganzen Jüngerschar breitet sich das Christentum schnell aus. Durch die judenchristliche Mission kommt es zu Gemeindegründungen in Palästina. Zuerst werden Juden zu Christen (Judenchristen). Sie verstehen sich als „neuen Weg“ innerhalb der jüdischen Glaubensgemeinschaft *(vgl. Apg 9,2)*. Erst in Antiochia werden die Jünger Jesu Christi zum ersten Mal „*Christen*“ genannt *(Apg 11,26)*.

Der Völkerapostel Paulus

In diese erste Zeit fällt ein Ereignis mit riesigen Auswirkungen: Saulus, ein berüchtigter Verfolger des jungen Christentums bekehrt sich überraschend und nennt sich zunehmend Paulus. Unter ihm breitet sich das Christentum vor allem unter den Griechen und Römern in der heidnischen Welt aus. Dieses Wachstum ist so rasant, dass innerhalb von ein paar Jahrzehnten in dem immensen Gebiet des ganzen Mittelmeerraumes überall christliche Kirchen entstehen.

Zugleich wird in derselben Zeit der Konflikt zwischen den Heidenchristen und den Judenchristen, sowie mit dem ganzen Judentum immer grösser. Das grosse Thema, das die Apostel und Ältesten damals beschäftigt, ist die Frage, ob die Heiden zuerst Juden werden müssen, wenn sie Christen werden wollen. Konkret, ob sie sich beschneiden lassen müssen und das jüdische Gesetz einhalten müssen oder nicht.

Die verantwortlichen Führer der damaligen Kirche müssen hier ein aktuelles Problem lösen, worüber Jesus nichts gelehrt hat. Deshalb suchen sie die Führung des Heiligen Geistes. Über das erste Konzil der Apostel und Ältesten der Kirche wird in Kapitel 15 der Apostelgeschichte berichtet. Nach Gebet und nach eingehender Diskussion kommen sie zwischen den beiden gegenüberstehenden Hauptpositionen von Petrus und Paulus inhaltlich zu einem Kompromiss, mit dem alle leben konnten: „*Der Heilige Geist und wir haben beschlossen, ...*“ *(Apg 15,28a)*, so wurde der Beschluss gefasst und als verbindlich erklärt.

Die Ur-Spaltung

Doch auch diese Entscheidung kann nicht verhindern, dass es gegen Ende des ersten Jahrhunderts die erste Spaltung in der Kirche gibt: Die Spaltung zwischen dem Judentum und dem Christentum. Und in der Folge vertrocknet langsam der Zweig des Judenchristentums (das messianische Judentum) und wird dann ganz abgeschnitten. Ein tragischer Akt, denn damit verliert auch das jüdische Erbe an prägender Kraft im Leben der Kirche. In der Folge wird das Christentum mehr und mehr griechisch und später lateinisch geprägt.

Verfolgungen

Das Judentum war im römischen Reich eine anerkannte Religion. Solange das Christentum ein Weg innerhalb des Judentums war, gab es von Seiten des römischen Reiches keine Probleme. Nun aber verlor das Christentum durch die Trennung von Judentum und Christentum den Schutz. Es wird eine unerlaubte Religion und als solche im römischen Reich verfolgt. Nur im Verborgenen versammelten sich die Christen, oft mitunter sogar in den Grabstätten, den Katakomben.

Christen wurden in einzelnen Verfolgungswellen zu Tausenden hingerichtet. Es gab ganz dramatische Situationen wie im Kolosseum in Rom, wo Dutzende, vielleicht sogar hunderte, von Christen gleichzeitig gekreuzigt oder den wilden Tieren vorgeworfen wurden, während die Leute zuschauten. Diese Verfolgung war nicht an jedem Ort und zu jeder Zeit gleich stark, sondern schwoll an und ebbte wieder ab. Die erste bedeutende Welle von Verfolgung fand unter Kaiser Nero statt, der von 54–68 regierte. Besonders heftig war sie dann wieder in der Regierungszeit von Kaiser Domitian 81–96.

1.2. Das Christentum im heidnischen römischen Reich (bis 313)

Durch die Verkündigung des Evangeliums entstehen im ersten Jahrhundert viele Gemeinden. Schon bald bilden sich erste Kirchenstrukturen und es entsteht eine Kirchenordnung. Die älteste schriftlich erhaltene Kirchenordnung ist die sogenannte „Didache“, die „Lehre der zwölf Apostel“. Sie reicht in die Zeit vor 100 n. Chr. zurück. Dort finden wir bereits Regelungen, wie Taufe oder Herrenmahl zu feiern sind und auch gewisse Kirchenämter sind schon darin beschrieben.

Im Jahr 110 war Ignatius, Bischof von Antiochia, auf dem Weg nach Rom, wo er hingerichtet werden sollte. Auf seinem Weg schrieb er Briefe an verschiedene christliche Ortskirchen. In jedem Brief fordert er die Gläubigen auf, ihren Bischof zu respektieren und ihm zu gehorchen, wie sie es Jesus Christus gegenüber tun würden. So schreibt er der Kirche in Tralles: „Denn wenn ihr euch dem Bischof wie Jesus Christus unterordnet, scheint ihr mir nicht nach Menschenart zu leben, sondern nach Jesus Christus. Darum ist es notwendig, wie ihr ja tut, dass ihr nichts ohne den Bischof unternehmt." Zu diesem Zeitpunkt hat jede Kirche (Gemeinde), an die Ignatius schrieb, einen eigenen Bischof als Leiter. Die Bischöfe sind an die Stelle der Apostel getreten.[6]

Im zweiten Jahrhundert finden sich ebenfalls eine ganze Reihe von Texten, in denen es um Ämter und liturgische Abläufe geht. Wie alt und wie verbindlich zu werten manche dieser Texte sind, wird bis heute unter Wissenschaftlern diskutiert. Fest steht jedoch, dass auch Christen im zweiten Jahrhundert nicht einfach nur die Bibel, das heisst biblische Texte hatten, sondern die Bibel schon mit einer gewissen kirchlichen Ordnung und Praxis verbanden. So wurde seit dem zweiten Jahrhundert das „Apostolische Glaubensbekenntnis" bei der Taufunterweisung und Taufspendung ursprünglich in Rom gebraucht. Von dort aus breitet sich das „Apostolische Glaubensbekenntnis" in die ganze Kirche aus.

Zentren des Christentums

In dieser Zeit kristallisieren sich einige Hauptzentren des Christentums heraus, die durch Bischöfe geleitet werden. Darauf aufbauend bilden sich in der Folge kirchliche Verwaltungsgebiete (kirchliche Diözesen), aus denen sich später die Patriarchate entwickeln. Dazu gehören die Patriarchate von Antiochien, Alexandrien in Ägypten, Jerusalem und von Rom. Die Patriarchate waren untereinander ranggleich und standen zueinander in einer festen Ehrenordnung, deren Spitze das Patriarchat von Rom als „Primus inter pares – Erster unter Gleichen" bildete. Rom kam zuerst dieser Ehrenplatz zu, weil dort die Apostel Petrus und Paulus als Märtyrer gestorben sind und sich auch ihre Gräber befinden.

In den ersten Jahrhunderten bildet sich in der Praxis immer mehr eine Vorrangstellung Roms heraus. Das zeigt sich unter anderem auch darin, dass in Lehrfragen immer häufiger der Bischof von Rom als

---

[6] Die Historiker stimmen allgemein darin überein, dass bis zur Mitte des 2. Jahrhunderts (also bis 150 n. Chr.) jede christliche Gemeinde vor Ort von einem Bischof geleitet wurde. Der Bischof trug die erste Verantwortung dafür, dass die ursprüngliche apostolische Tradition über das Leben und die Lehre Jesu Christi bewahrt und weitergegeben wurde. Der Bischof trat falschen Lehren entgegen und bewahrte die Einheit in der Ortskirche. Er war der offizielle Sprecher der örtlichen Gemeinde in der Gesamtkirche. So entwickelte sich nach dem Tod der Apostel das Lehramt der Kirche (lateinisch: magisterium) als ein wichtiges Instrument, das wahre Evangelium Jesu weiterzugeben und zu bewahren.

Schlichtungsinstanz angerufen wird. Der bereits genannte Ignatius von Antiochia schreibt in einem seiner Briefe, dass die Gemeinde in Rom „den Vorsitz in der Liebe führt". Es gibt grosse Diskussionen unter den Fachwissenschaftlern, warum es dazu kam und was das genau beinhaltete.

Mehr über die Entwicklung der Vorrangstellung Roms dazu im Anhang Seite 134 unter dem Thema: „Historische Wurzeln der Vorrangstellung Roms und des Papsttums".

Auseinandersetzung mit Irrlehren und der griechischen Philosophie

In dieser Zeit verbreitete sich die Gnosis in verschiedenen, auch dem Christentum nahe stehenden Formen, stark. Die Gnosis orientiert sich an altorientalischen Vorstellungen von den zwei Urprinzipien Gut und Böse. Sie macht das ewige Heil des Menschen von der Erkenntnis Gottes und der Einsicht ins göttliche Mysterium abhängig. Die Materie wird als schlecht angesehen. Deshalb kann der Mensch, der in seiner Materie sich vom Gott des Lichtes entfernt hat, nur durch strenge Askese zum Licht der Erkenntnis und damit zur Erlösung kommen.

Damals geschieht für die Entwicklung der Theologie etwas Zentrales: Das Christentum beginnt sich mit der heidnischen Philosophie auseinanderzusetzen. Anfangs geht es darum aufzuzeigen, dass das Christentum nicht nur eine schöne Lehre sei, sondern auch viel Vernunft enthalte. In der Folge wird der Versuch unternommen, das Christentum mit Hilfe des philosophischen Denkens zu erklären und zu verteidigen.

Justin (100–165) der Apologet, ist der Erste, der dies praktizierte und uns namentlich bekannt ist. Später starb er als Märtyrer, deswegen wird er auch Justin der Märtyrer genannt. Er vertritt als Erster die Position: Was die grossen heidnischen Philosophen Platon (427-347 v. Chr.) und Aristoteles (384–322 v. Chr.) geahnt haben, ist in Christus Wirklichkeit geworden. So wurde z. B. das folgende Zitat des Philosophen Platon auf den Leidensweg Jesus Christi hin verstanden: „Die, welche die Ungerechtigkeit vor der Gerechtigkeit lieben, sagen aber dies, dass der Gerechte gefesselt, gegeisselt, gefoltert, geblendet an beiden Augen werden wird, und zuletzt, nachdem er alles mögliche Übel erduldet, wird er noch gekreuzigt werden."

In der Folge wird versucht, die Denkweise der heidnischen Antike mit dem Christentum zu verbinden, mit immensen Folgen. Praktisch alle Theologie bis zur Reformation stand in dieser Tradition und dadurch auch im Dialog mit der griechischen Philosophie. Letztendlich lebt die ganze Scholastik, also die grosse mittelalterliche Theologie in der katholischen Welt, stark von der griechischen, antiken Philosophie und sieht hier keinen Gegensatz zum christlichen Glauben, sondern eine Ergänzung.

Zur Reflexion

Evangelisch-freikirchliche Christen können hier denken: „Das ist der erste grosse Sündenfall. Das griechische Denken hat das biblisch-jüdische verunreinigt und das Evangelium verfälscht." Die eher katholische Denkweise würde sagen: „Nein, denn alles, was wahr ist, ist auch ausserhalb des Christentums wahr. Wenn die heidnischen Philosophen gute Sachen erkannt haben, die von Gott kommen, dann kann das dem Glauben nicht widersprechen. Das Evangelium ist sozusagen die Krone und Erfüllung dessen, was die Heiden erahnt haben." Da berühren wir einen der grossen Kritikpunkte von Martin Luther. Er hält wenig von der Philosophie und sagt: „Wir müssen zurück zum Wort Gottes!"

Doch katholische Christen: „Das geht gar nicht. Denn wie immer du über Gott sprichst, sprichst du schon mit irgendwelchen Denkkategorien über Ihn. Folglich müssen wir auch die Denkkategorien zum Gegenstand unserer Überlegungen machen. Und das nennt man Philosophie."

Verborgenes Wachstum und Verfolgung

Das Christentum missioniert und wächst im Verborgenen. Zugleich wird es oft blutig verfolgt. Das führte ab dem zweiten Jahrhundert zum Problem mit den abgefallenen, untreuen Christen: Aus Angst vor dem Martyrium gab es Christen, die vor den Richtern und Folterknechten des römischen Reiches, ihren Glauben verleugneten. Nicht wenige von ihnen wollten aber Christen bleiben. Das führte zur Frage: Kann ihnen vergeben werden und können sie wieder in die Gemeinde aufgenommen werden. Darüber gab es erbitterte Auseinandersetzungen. Schliesslich setzte sich die gnädige Praxis durch.

Im dritten Jahrhundert gibt es bereits ca. 30'000 Christen. Dennoch sind sie eine Minderheit. Sie treffen sich in kleinen Gruppen im Untergrund. Christ wurde man in der Regel im Erwachsenenalter nach einem Einführungsweg in den Glauben (Katechumenat) und durch eine bewusste persönliche Entscheidung, die mit klaren Konsequenzen verbunden war. Zu diesen Konsequenzen gehörten unter anderem gesellschaftliche Nachteile, das Risiko von Verfolgung, aber auch ein intensives soziales und geistiges Leben in der christlichen Gemeinde.

1.3. Die Kirche im christlichen Römerreich (313 bis ca. 604)

Ende des dritten Jahrhunderts verbessert sich die Lage der Christen. Sie werden langsam akzeptiert. In der Folge kommt es zum vielleicht folgenreichsten, epochalsten Ereignis der ganzen Kirchengeschichte, zur Schlacht an der Milvischen Brücke (312 n.Chr.).

Kaiser Konstantin – Das Christentum wird römische Staatsreligion

Kaiser Konstantin regierte von 306 – 337 über Rom. Es herrscht nach wie vor Christenverfolgung. In einem Kampf gegen einen Rivalen kommt es zu einer Schlacht an der Milvischen Brücke bei Rom. Zuvor hat Konstantin eine Vision, einen Traum: Er sieht das Kreuz und hört eine Stimme, die zu ihm sagt: „In hoc signo vinces - In diesem Zeichen wirst du siegen." Konstantin siegt tatsächlich und lässt sich darauf taufen.[7]

Als Folge wird beinahe über Nacht aus der verfolgten Religion eine erlaubte und öffentliche Religion. Später unter Kaiser Theodosius I. 380 wird das Christentum sogar zur Staatsreligion erhoben. Überall – in Rom wie auch im Heiligen Land werden grosse Kirchen, Basiliken gebaut und vom Kaiser bezahlt. Christliche Prediger und Priester werden auf einmal Staatsbeamte.

Nun wandten sich Scharen von Menschen dem Christentum zu und dies nicht nur aus persönlichen Glaubensmotiven heraus, sondern auch, weil der christliche Glaube nun die Mehrheitsreligion war und die Zugehörigkeit zu ihr gesellschaftliche Vorteile mit sich brachte. Nach und nach wird es die Norm, Christ zu sein. In der Folge breitet sich die Kindertaufe aus. Als Baby getauft, wächst man in einer christlichen Umgebung auf und in ein von der ganzen Gesellschaft getragenes und gestütztes Christsein hinein.

Das Christentum als Staatsreligion hatte gewaltige Auswirkungen auf die Kirche. Sie kann nun auf einmal frei und ungestört agieren und

---

[7] Kaiser Konstantin regierte ab 325 als Alleinherrscher und verlegte ab dieser Zeit seine Residenz in den Osten des Reiches, in die nach ihm benannte Stadt Konstantinopel („Konstantinsstadt").

missionieren. Die Kirche und ihre Lehre werden von der Gesellschaft und der politischen Macht mitgetragen. Das nicht nur mit positiven Folgen, auch negative und problematische Aspekte wurden schnell sichtbar.

Zur Reflexion

Das Christentum als Staatsreligion: Viele sehen darin einen grossen Verrat und den Zeitpunkt, an dem sich die Kirche endgültig vom reinen Evangelium losgesagt hat. Doch gesetzt der Fall, man würde uns Christen heute fragen: „Wärt ihr bereit als Christen die Regierung zu übernehmen?" Die meisten würden freudig sagen: „Ja, klar!". Und genauso haben sich damals die Christen gefreut: „Super! Jetzt können wir einen Staat bauen, in dem es nach Gottes Vorstellungen läuft!" Doch eben, so einfach funktionierte das nicht.

Christologische Streitigkeiten und Klärungen

Die sich etablierende Theologie befasst sich zunehmend nicht nur mit der Apologetik, also der Verteidigung des Glaubens nach aussen, sondern auch mit der Klärung der eigenen Lehrfragen. In der Auseinandersetzung zwischen unterschiedlichen Strömungen innerhalb der Kirche entbrennen heftige Diskussionen zunächst um die Lehre von Jesus Christus. Denn während die Bibel zu vielen Fragen über Jesus Auskunft bietet, beantwortet sie manche Fragen nicht explizit wie zum Beispiel die Frage, ob Jesus erschaffen war oder nicht.

Fest steht: Es gibt nur einen Gott. Doch, wenn Jesus auch unerschaffen und ewig ist, gibt es dann nicht zwei Götter? Diese Meinung vertritt der Presbyter Arius (260-336) aus Alexandria. Die nach ihm benannte mächtige Strömung des „Arianismus" lehrt, Jesus sei nicht wahrer, unerschaffener Gott, sondern nur Gott ähnlich und etwas weniger als Gott. Arius glaubt über Jesus Ähnliches wie heute die Zeugen Jehovas. Als die Diskussion um dieses Thema immer hitziger wird, beruft Kaiser Konstantin eine Versammlung von Bischöfen ein.

Nicäa 325 und Konstantinopel 381

Auf dem Konzil von Nicäa 325 (jetzt Iznik in der Türkei) wurden die zentralen Lehraussagen der Kirche über die wahre Gottheit und die wahre Menschheit Jesu Christi in einem verbindlichen Glaubensbekenntnis, das auf dem Konzil von Konstantinopel 381 (heute Istanbul) ergänzt worden ist, formuliert. Dieses Nizäno-Konstantinopolitanische Glaubensbekenntnis wird heute bei uns auch „Das Grosse Glaubensbekenntnis" genannt. Es bezeugt, dass Jesus Gott und unerschaffen ist: „*Wir glauben … an den einen Herrn Jesus Christus, Gottes eingeborenen Sohn, aus dem Vater geboren vor aller Zeit: Gott von Gott, Licht vom Licht, wahrer Gott vom wahren Gott, gezeugt nicht geschaffen, eines Wesens mit dem Vater; durch ihn ist alles geschaffen.*"

Hier zeigt sich: Wir müssen den christlichen Glauben in Glaubensartikeln darlegen, denn nicht alles geht allein eindeutig aus der Schrift hervor. So haben sich Arius wie auch die Gegenseite auf die Schrift berufen. In der Folge geht es um Fragen wie: Wie ist das mit der Dreifaltigkeit? Ist der Heilige Geist Gott? Wie ist das mit der göttlichen und menschlichen Natur Jesu? Verschiedene Themen, die an weiteren Konzilien geklart werden mussten.

Ephesus 431

Das Konzil von Ephesus erklärt, dass der als Sohn Gottes verehrte Jesus von Nazaret zugleich wahrer Gott und wahrer Mensch ist. Das Konzil brachte dies zum Ausdruck, indem es Maria als Gottesgebärerin bezeichnete. Dies war nicht primär als eine Aussage über Maria gedacht, sondern über Jesus Christus.

Chalcedon 451

Das Konzil von Chalcedon entschied den lange und erbittert geführten Streit um das Verhältnis zwischen der göttlichen und der menschlichen Natur in Jesus Christus. Das Konzil definierte die Einheit der göttlichen und menschlichen Natur in der Person Jesu von Nazaret.

Die Lehre von der Dreifaltigkeit (Trinität) ist schon im Apostolischen Glaubensbekenntnis grundgelegt und wird im Nizäno-Konstantinopolitanischen Glaubensbekenntnis (381) weiter ausgefaltet. In Chalcedon wurde sie vertieft. Explizit wurde die Trinitätslehre in der 11. Synode von Toledo 675 als Dogma definiert.

Spaltungen

Traurig ist, dass es bei einem Konzil, oft Gruppen und Kirchen gibt, die sich abspalten. Die sogenannten assyrischen und altorientalischen Kirchen trennen sich schon im Zuge der ersten Konzilien von der Restkirche. Das sind Kirchen, die es heute noch im Orient, vor allem in Armenien, Ägypten, Georgien und Syrien gibt. Bekannt sind heute noch vor allem die Kopten.

Die Kirchenväter

Prägend in den theologischen Auseinandersetzungen wie in den Fragen des christlichen Lebens sind in dieser Zeit Gelehrte und Theologen, die als Kirchenväter bezeichnet werden. Kirchenväter werden christliche Autoren der ersten acht Jahrhunderte genannt, die entscheidend zur Lehre und zum Selbstverständnis des Christentums beigetragen haben und deren Leben als heiligmässig gilt.

Als erster Kirchenvater, der wegen einigen Lehren umstritten ist, gilt Origenes (185–254). Zu den Grossen Kirchenvätern werden im Orient Athanasius (298–373), Basilius (330–379), Gregor von Nazianz (329–390) und Johannes Chrysostomus (347–407) gezählt. Im Abendland (Okzident) zählen Ambrosius (337–397), Hieronymus (347–420), Augustinus (354–430) und Gregor der Grosse (540–604) dazu.

Gegenbewegung: Aufkommen des Mönchtums

Mit der Erhebung des Christentums zur Staatsreligion entstand ein ernsthaftes Problem: Früher waren nur die bereit, Christ zu sein, die bereit waren für den Glauben zu sterben. Doch jetzt wird auf einmal fast jeder Christ. Christ zu werden kostet fast nichts mehr und Christ zu sein ist auf einmal nichts Besonderes mehr. Es liegt auf der Hand, dass dies zu einem Abflachen des geistlichen Niveaus und der Leidenschaft führte. Wir wissen nicht genau, wann die Christen aufgehört haben, Zeichen, Wunder und Charismen in der Realität zu erleben. Doch es ist gut möglich, dass die Bewegung hin zu einer Volkskirche geistlich lähmend wirkte.

In dieser Zeit, in der das Christentum in Gefahr ist zu verflachen und an prägender Kraft zu verlieren, entsteht Neues. Manche sagen: „Wenn wir nicht mehr als Märtyrer sterben können, dann wollen wir wenigstens fasten und beten." So entsteht eine Massenbewegung von Klöstern und Einsiedlern, von zölibatär lebenden Männer und Frauen. In Radikalität mit Fasten und Beten den Herrn zu suchen, wird auch als „Weißes Martyrium" bezeichnet, während das „Rote Martyrium" darin besteht, sein Blut für Jesus zu geben.

Schon im 4. Jahrhundert gibt es Tausende von Menschen, die in Ägypten, in Syrien, im heutigen Israel, im heutigen Libanon, im östlichen Teil der Türkei als Einsiedler und danach als Mönche leben, zunächst als Eremiten. Erste Klostersiedlungen entstehen 320 unter Pachomius (292 – 348). Zu dieser Zeit gibt es bereits ca. 9000 Mönche, auch mit einzelnen skurrilen Formen wie z. B. die sogenannten Säulensteher.[8]

Nach und nach setzen sich dann die Klöster durch. Von grosser Bedeutung für die weitere Entwicklung ist Benedikt von Nursia (480 – 547). Er gilt als der „Mönchsvater des Westens“ und verfasst eine Ordensregel, die das Zusammenleben der Mönche ordnet und die Grundlage für unzählige, spätere Klostergründungen wird. Darin hat der Abt als Vater die Autorität. Die Zeit zwischen Gebet und Arbeit wird geregelt: Ora et labora. Das Gemeinschaftsleben und die wirtschaftliche Selbstständigkeit erhalten einen grossen Schwerpunkt.

Untergang Westroms 476

Im Jahr 325 verlegte Kaiser Konstantin den Regierungssitz nach Konstantinopel, nach Byzanz, dem heutigen Istanbul. Das führte in der Kirche zu einer Ost-West-Polarisierung. Durch die Verlagerung der Macht in den Osten, verfällt Europa weitgehend im Chaos. In verschiedenen Wellen von Eroberungen und Feldzügen versinkt das ehemalige Westrom in den Wirren der Völkerwanderung. Das führte im Jahr 476 zum Untergang Westroms unter dem Ansturm der Vandalen.

Drei Missionswellen in Germanien

Die erste Missionierung Germaniens begann durch römische Soldaten und Kaufleute, die Christen waren und das Evangelium weitergaben. Dadurch sind Gemeinden entstanden mit teilweise grossen Kirchen und Bischofssitzen wie Augsburg, Regensburg und Passau. Eine herausragende Persönlichkeit der ersten Missionierungswelle ist der Missionar Severin von Noricum (410 - 482), der viele Klöster gründete. Doch diese erste Missionierung erreichte die germanische Bevölkerung nur wenig.

Mitten in den Wirren der Völkerwanderung gewinnt Irland, ein Land am Rande Europas, herausragende Bedeutung für die Entwicklung der Kirche: Patrick (400 – 461/491) bekehrt sich zum Christentum und wird einer der Leitsterne der irischen Klosterkultur, mit viel Gebet und Fasten. Aus Schottland und Irland kommt in der Folge eine Welle von missionierenden Mönchen und gründen Kirchen auf dem europäischen Festland. Bekannt ist Columban von Luxeuil (540–615), der

[8] Als Säulenheiliger wurde ein Mönch bezeichnet, der zum Zeichen besonderer Askese sein Leben auf dem Kapitell einer Säule zubrachte. Die Säulen waren unterschiedlich hoch (drei Meter und weit mehr), auf dem Kapitell war eine Platte so angebracht, dass der Asket sich in Ruhe ausstrecken konnte. Vor dem Absturz schützte ein Geländer, Schutz vor Regen und Sonne wurde abgelehnt. Einige gingen beim „Stehen“ so weit, dass sie sich lange Zeit nicht hinlegten. Nahrung und Eucharistie erhielten die Säulenheiligen über Leitern.

mit zwölf Gefährten auch in die Bodenseegegend kam, unter ihnen war auch Gallus.

Auf die Welle der iroschottischen Mission folgt als dritte Welle die Missionsbewegung der Benediktiner. Während die Iroschotten eher Einzelkämpfer waren, gehen die Benediktiner planmässiger und strategisch vor. Sie gründen gezielt Klöster. Die Kirche wird organisiert und strukturiert. Die enge Beziehung zum Papst in Rom ist ein wichtiger Bestandteil dieser Struktur. Einer der bekanntesten Missionare, Missionsbischof und Gründer mehrerer Klöster, darunter Fulda, war Winfrid Bonifatius (673–754). Aufgrund seiner umfangreichen Missionstätigkeit im damals noch überwiegend heidnischen Germanien wird er seit dem 16. Jahrhundert als „Apostel der Deutschen" verehrt.

1.4. Die Kirche im Frühmittelalter (604 bis 1054)

Mit der Missionsbewegung der Benediktiner sind wir bereits im Frühmittelalter. Theologisch kam es im Ostreich (Ostrom) im 8. Jahrhundert zum sogenannten byzantinischen Bilderstreit, in der es um den richtigen Gebrauch und die Verehrung von Ikonen ging. Viele Mönche standen gegen den Kaiser. Das Zweite Konzil von Nicäa 787 traf die Entscheidung zugunsten der Bilderverehrer. Es erlaubte und forderte Verehrung, jedoch nicht die Anbetung von Ikonen.

Aufkommen und Verbreitung des Islams

Zeitlich vorher passiert etwas, was bis heute weltpolitisch von grosser Bedeutung ist: Die Entstehung und Ausbreitung des Islams. Mohammed (570–632) lebte im heutigen Arabien (Saudi-Arabien). In einer Vision erscheint ihm der Engel Gabriel und diktiert ihm ein Buch, den Koran. Inhaltlich wird manches aus dem Alten Testament und Neuen Testament, vermischt mit einigen neuen Inhalten in den Koran aufgenommen. Dabei beruft sich der Islam auf Abraham und den Gott Abrahams.

Zugleich behauptet der Islam aber, dass die Botschaft Gottes, die Bibel, durch die Juden und die Christen verfälscht worden sei und der Koran die wahre Botschaft Gottes enthalte.

Neben dem Koran gilt als zweite Grundlage die Lebensweise Mohammeds, des „Gesandten Gottes", der Vorbildcharakter für alle Muslime hat. Die sich aus dem Koran und den Erzählungen über die Lebensweise Mohammeds ergebenden Normen werden in ihrer Gesamtheit als Scharia bezeichnet.

Zuerst lebt Mohammed in Mekka. Dort ist seine Botschaft klar religiös. Als Mohammed 622 n. Chr. nach Medina kam, beginnt der Islam als eine politische, soziale und religiöse Gemeinschaft. Von da an ist der Islam eins mit der staatlichen Gewalt und breitet sich weitgehend durch militärische Gewalt aus.

Der Islam breitet sich rasend schnell besonders in christlichen Ländern aus. Ein-, zweihundert Jahre nach Mohammed wurde die südliche Hochburg des Christentums islamisch. Dazu gehörten z. B. Städte wie Alexandrien, wo vorher grosse christliche Gemeinden waren. Diese grossen christlichen Gemeinden wurden meist in einem schnellen Blitzkrieg überfallen, die Leute wurden gezwungen, ihre Religion zu wechseln, wurden umgebracht oder unterjocht, die Städte wurden niedergebrannt, die Frauen vergewaltigt und die Kinder in die Sklaverei geführt. An manchen Orten wurden die muslimischen Eroberer zwar zunächst als Befreier vom Joch der Herrschaft Byzanz (Ostrom) erlebt, doch insgesamt überwog die rein militärische Unterwerfung. In der Regel durften Juden und Christen gegen ein Schutzgeld weiter als Bürger zweiter Klasse leben, doch meistens gaben diese unter dem beständigen Druck über kurz oder lang ihren Glauben auf.

Bereits im 7. Jahrhundert wird Rom das erste Mal von Muslimen erobert. Im 7. und 8. Jahrhundert werden ständig Überfälle nach Italien und nach Frankreich durchgeführt.

Zur Reflexion

Häufig werden der Islam und das Christentum gleichgesetzt. Doch in der Vorstellung, wie die Religion sich auszubreiten hat, gibt es massive Unterschiede. Das Christentum begann im römischen Staat und wurde von ihm, mehr oder weniger intensiv, fast dreihundert Jahre lang verfolgt. Oft lebten die Christen im Untergrund, in grossen Schwierigkeiten und völlig gewaltlos. Viele starben als Märtyrer. Das Christentum verbreitete sich durch die Erfahrung des Auferstandenen und durch die Liebe, welche von der Gemeinschaft der Christen ausstrahlte.

Es gibt keine christliche Konfession, welche die Bekehrung zum Christentum mit Waffengewalt gutgeheissen hat. Selbst zur Blütezeit der spanischen Inquisition, im Mittelalter oder auch in der Kolonialisierung war auch in der katholischen Kirche nie die Lehrmeinung da, dass man mit Waffengewalt ein heidnisches Land christianisieren dürfe und jemand zur Taufe gezwungen werden kann.

Die Ausbreitung mit Gewalt war jedoch von Anfang an die normale Methode des Islams. Wenn Christen Krieg (ausser zur Verteidigung) in der Vergangenheit geführt haben, haben sie gegen die Weisungen und das Vorbild Jesu Christi gehandelt. Im Islam sind hingegen Kampf und Krieg Teile des Korans und finden sich in den Weisungen und im Vorbild Mohammeds.

Karl Martell

Diese ständige Gefahr fördert eine engere Verbindung von Kirche und Staat. Weil die Kirche und die christlichen Völker wehrlos sind, ruft das christliche Herrscher auf den Plan, welche die von Muslimen eroberten Gebiete zurückerobern. Ein erster bedeutender Herrscher war Karl Martell (688–741), ein Vorfahre aus der Familie der Karolinger. (Martell heisst Hammer). Er hat die Muslime, aus weiten Teilen Spaniens zurückgedrängt. Man spricht von der „Reconquista" („Rückeroberung"), welche in mehreren Etappen vor sich geht. Diese Entwicklung ist wichtig, weil sie den Hintergrund für die spätere Phase der Kreuzzüge bildet.

Karl der Grosse und das Aufkommen des ottonischen Kaisertums

Im 8. Jahrhundert betritt ein Herrscher die Bühne Europas, der für die weitere Entwicklung der Kirche von grosser Bedeutung ist: Karl der Grosse (747–814). Er ist ein Enkel von Karl Martell. Ihm gelingt es, das Frankenreich unter sich zu vereinigen und auszuweiten, sodass ein Reich entsteht, das sich über weite Teile Europas erstreckt.

Seit dem frühen Beginn des Christentums kommt dem Bischof von Rom, der bald Papst genannt wird, eine immer grössere Vorrangstellung zu, obgleich auch der Patriarch von Konstantinopel weiterhin grosse Bedeutung hatte. Im 8. Jahrhundert wird nun der Papst militärisch bedroht und er wendet sich hilfesuchend an Karl den Grossen. Dieser verspricht ihm seine Hilfe nur unter der Bedingung, dass der Papst ihn zum Kaiser von Rom kröne.

Was bedeutet dies? Rom war schon über 300 Jahre zerstört. Nun aber wird in der Weihnachtsnacht des Jahres 800, Karl der Grosse zum Kaiser von Rom (beziehungsweise vom römischen Reich) gekrönt. Damit kommt es ab diesem Zeitpunkt, also ab 800, zur Einheit von Kirche und Staat. Die Leitung des Reiches wird aufgeteilt zwischen Kirche und Königtum. Der Papst ist für den ganzen Kult zuständig und der König verteidigt das Reich. Beide arbeiten zusammen. Das führt dazu, dass das Kirchensystem ausgebaut wurde. Dieses Miteinander bleibt über viele

Jahrhunderte hinweg weitgehend unverändert. Eine Kombination, die früher oder später zum Konflikt führen musste...

Gregorianische Reform

So kommt es um die Zeit des Jahrtausendwechsels zu immer mehr Streitigkeiten rund um die Frage der Beziehung von Kirche und Staat. Deutsche Päpste erneuern die Sitten, kämpfen gegen den Ämterkauf, gegen die Laieninvestitur (Amtseinsetzung von Geistlichen durch die weltliche Macht) und gegen die Priesterehe, also für den Zölibat der Priester.

Diese Reformbewegung im 11. und 12. Jahrhundert wurde nach Papst Gregor VII. (1020–1085) „Gregorianische Reform“ genannt. Inhaltlich geht es darum, dass der Papst sich von der Politik nicht in kirchliche Angelegenheiten reinreden lässt. Die Kirche befreit sich mehr und mehr aus dem Klammergriff der politischen Machthaber und wird dabei selbst immer mehr zu einer eigenen politischen Macht mit Militär, Ländereien und viel Geld. Innerkirchlich führt die Reformbewegung seit Mitte des 11. Jahrhunderts zum Aufstieg des Papsttums.

Klösterliche Reformbewegungen entstehen im Burgund: Das Benediktinerkloster Cluny (ab 909) wird zum Ausgangs- und Mittelpunkt der cluniazensischen Reform, in deren Blütezeit etwa 1‘200 Klöster mit rund 20‘000 Mönchen zu Cluny gehören. Ab 1140 wird Cîteaux zum Ursprungskloster und Ausgangspunkt des Zisterzienserordens, das mit Tochterklostergründungen auch in Deutschland grossen Einfluss hatte. Reform durchzieht Europa.

1054: Das grosse Schisma (Spaltung)

In der Zeit um das Jahrtausend ereignet sich eine verhängnisvolle und tragische Geschichte. Im Jahr 1054 zerbricht die Einheit zwischen Rom und Byzanz endgültig. Entscheidend für die Trennung sind nicht theologische Differenzen, sondern kirchenpolitische Faktoren.[9] Der Papst und der Patriarch von Konstantinopel exkommunizieren sich gegenseitig aus unwichtigen Gründen. Im Kern geht es mehr um die politische Auseinanderentwicklung von Rom und dem alten Ost-Rom (Konstantinopel), respektive um die Vorrangstellung.

---

[9] Theologischer Streitpunkt mit der orthodoxen Kirche ist die Frage des „Hervorgangs” des Heiligen Geistes. Die westliche Kirche bekennt sich zum Heiligen Geist, der „aus dem Vater *und* dem Sohn hervorgeht“ und die orthodoxe Kirche zum Heiligen Geist, der „aus dem Vater *durch* den Sohn hervorgeht“.

Ein tragischer, schmerzhafter Riss, den die Christenheit bis heute nicht überwunden hat. Von da an ist die Christenheit in „orthodoxe" Christen im Osten und „katholische" Christen im Westen geteilt. Die westliche Kirche wird schliesslich „römisch-katholisch" genannt, denn sie anerkennt den Bischof von Rom als Kernpunkt der Einheit.

1.5. Die Kirche im Hochmittelalter (1054 bis 1302)

Das traurige Kapitel der Kreuzzüge

Die Idee der Kreuzzüge entstand, als es mehr und mehr zu unzähligen Übergriffen auf Christen kam und verschiedene Kirchen unter den Fatimidenkalifen (996–1021) zerstört wurden. Besonders schmerzlich war die Zerstörung der Grabeskirche 1009. In den Jahren 1071–1076 verübten die Seldschuken Gräueltaten an christlichen Pilgern im Heiligen Land, nachdem schon (viel) früher Armenien, Kleinasien und auch Jerusalem erobert worden waren. So wurde es christlichen Pilgern zunehmend unmöglich, die Stätten zu besuchen, an denen Jesus gelitten hat und auferstanden ist.

In dieser Situation schickt der Kaiser von Byzanz (der Kaiser von Ostrom), einen Hilferuf an den Papst und sagt: „Helft uns gegen die Seldschuken! Wir brauchen militärische Unterstützung!" Als Reaktion darauf hat 1095 Papst Urban II. zum ersten Kreuzzug aufgerufen. Dabei ist zu bedenken: Der Papst verkörperte damals nicht nur die kirchliche Macht, sondern zugleich auch eine politische Autorität und entschied auch in militärischen Fragen.

Die Christenheit im Westen erkennt in diesem Aufruf eine Chance. So predigt auch Bernhard von Clairvaux (1090–1153) für den Kreuzzug, denn man erhofft sich unter anderem auch eine Heilung des Schismas, der Trennung zwischen Byzanz und Rom und gleichzeitig viel anderes Gutes. Der erste Kreuzzug beginnt mit viel religiösem Eifer und es herrscht die Überzeugung, hier würde Gott ein heiliger Dienst erwiesen.

Doch der Kreuzzug wird von Menschen geleitet, die bei weitem nicht alle aus dem Geist Jesu Christi leben. Denn seit Konstantin braucht es in der grossen Volkskirche keine persönliche Entscheidung zur Nachfolge Jesu mehr. So geschehen von Anfang an viele unchristliche, schlimme Dinge. Als erste trifft es die Juden. Schon auf ihrem Weg entlang des Rheins kommen Kreuzfahrer auf die Idee, dass die Feinde des Glaubens nicht erst im Heiligen Land wären, sondern bereits hier die Juden, denn diese glauben ja auch nicht an Jesus. So zünden die Kreuzfahrer ihre Synagogen an, nehmen ihnen das Geld weg, um damit den Kreuzzug zu sponsern. Viel Schrecklicheres folgt! Letztendlich zerstreiten sich die einzelnen Kreuzfahrer und Heere dann auch nach und nach.

Der erste Kreuzzug geht militärisch noch gut aus. Jerusalem 1099 wird unter heftigen Kämpfen erobert und „christliche“ Soldaten richten ein Blutbad in der Stadt an. Danach ist 100 Jahre lang das Heilige Land in christlicher Hand. Überall entstehen Kirchen und Burgen.

Jerusalem wurde dann später durch Sultan Saladin von Ägypten im Jahre 1187 zurückerobert und die Kreuzfahrer werden vertrieben. Weitere Kreuzzüge versuchen die Rückeroberung, doch allesamt scheitern militärisch. Auch von der moralischen Seite werden die Kreuzzüge immer schrecklicher. Schliesslich greifen die europäischen Heere sogar Byzanz, eine christliche Stadt, an! Diese Eroberung und der Raub von Ikonen und Reliquien sind bis heute in das Gedächtnis der Ostkirche eingebrannt und hat den Graben zwischen den beiden „Lungenflügeln“ der Kirche, der Ost – und Westkirche weiter vertieft.

Zur Reflexion

Die Kreuzzüge begannen als reiner Defensiv-Krieg. Nach 400 Jahren gewaltsamer Ausbreitung des Islams war dies der erste grossangelegte Gegenangriff. Zunächst stand der Hilferuf der Ostkirche im Raum: „Unsere Kirchen werden zerstört und unsere Städte vernichtet, bitte helft uns!“

Doch: „Sollen und dürfen Christen überhaupt Kriege führen? Hat Jesus nicht gesagt, dass man die linke Wange hinhalten soll? Doch wie verhält es sich, wenn nicht auf meine eigene Wange geschlagen wird, sondern die eines Kindes? Haben wir als Christen nicht die Aufgabe die Unschuldigen zu beschützen?“ Die Antwort ist nicht einfach.

Auch wenn die Kreuzzüge von ihrer ersten Intention her verständlich sind, so haben sie doch in ihrem Verlauf das Zeugnis der Christen von Jesus so nachhaltig verdunkelt, wie wenige andere kirchengeschichtliche Ereignisse. Sie sind bis heute zu Recht eines der traurigsten Kapitel der Kirche.

Franz von Assisi

Wo Schatten ist, bringt der Herr oft auch Licht. So entstehen in dieser Zeit mehrere Erneuerungsbewegungen, eine um die Person des

Franz von Assisi (1181–1226). Franziskus ist eine der strahlendsten charismatischen Führungs- und Erneuerungsgestalten des 12. und 13. Jahrhunderts. Er hat in einer unglaublichen Radikalität und Reinheit das Evangelium beim Wort genommen. So hat er schon kurz nach Lebzeiten den Namen „Alter Christus" oder „Der zweite Christus" bekommen. Scharen von Menschen folgen ihm nach, leben in kleinen Konventen und beginnen das Evangelium auf den Strassen zu verkünden.

In der Auseinandersetzung mit den Kreuzzügen und dem Islam reist er unter sehr grosser Gefahr zum muslimischen Sultan, um ihn für das Evangelium zu gewinnen. Franziskus meint, es wäre die beste Möglichkeit, den Kampf beizulegen, wenn die Muslime einfach Christen würden! Leider liess sich der Sultan trotz eines guten Gesprächs mit Franziskus an dieser Stelle nicht überzeugen.

Eine weitere charismatische Erneuerungsgestalt ist Dominikus (1170 –1221), der wie Franziskus arm lebte und das Evangelium überzeugend verkündigte. Beide verbinden Armut und kompromisslose Nachfolge mit kirchlichem Gehorsam. Wie sie, beginnen auch andere Laien zu predigen.

In dieser Zeit ist eine Gärung im Volk Gottes spürbar. Man ist zunehmend unzufrieden mit einer Kirche, die reich ist und die weltliche Macht hat. Es entstehen noch weitere Armutsbewegungen wie die Waldenser und die Katharer. Manche leben überzeugend, andere auch komisch. Die Flagellaten beispielsweise geisseln sich selbst als Zeichen der Busse. Häresien verbinden sich mit Sehnsucht nach Radikalität. Der Gedanke einer notwendigen Erneuerung der Kirche ist allgegenwärtig, doch noch ist nicht klar, wie diese genau auszusehen hat.

Hochblüte der Scholastik

Gleichzeitig wird auch die Theologie immer weiter ausgebaut. Es entwickelte sich eine wissenschaftliche Denkweise und Methode der Beweisführung: Die Scholastik. Sie beherrschte das gesamte höhere Bildungswesen bis in die Neuzeit. Die berühmteste Person ist Thomas von Aquin (1225-1274). Er schreibt verschiedene berühmte Summen. Die Summa Theologica ist ein Werk von Dutzenden von Bänden. Er zeigt einen unglaublichen Eifer, um den Glauben darzulegen. In der Summa Contra Gentiles (die Summe gegen die Heiden) legt er den Muslimen und Juden logisch dar, warum Christentum die Wahrheit ist.

Doch das System wird immer schwieriger und verkopfter. Luther wird später sagen, dass es sich auch immer weiter von der Schrift entfernt. Aber erst mal: die Theologie erlebt an den Ordensuniversitäten Europas eine Blütezeit und das Niveau der Forschung erreicht beachtliche Höhen.

1.6. Die Kirche im Spätmittelalter (1302 bis 1517)

Ostkirche

In der Entwicklung der Ostkirche wird die Bedeutung der Mönche immer grösser. Seit dem 9. Jahrhundert wachsen die Klöster und Mönchsrepubliken auf dem Berg Athos, die das beständige Jesusgebet pflegen. Der Athos-Mönch Gregorios Palamas (1296–1359), ein orthodoxer byzantinischer Theologe und auch Erzbischof von Thessalonike, zählt zu den höchsten Autoritäten der östlichen Kirche. In der Ostkirche entstehen verschiedene autokephale (eigenständige) Kirchen, die von einem eigenen Oberhaupt regiert werden und selbst den Erzbischof bzw. Metropoliten wählen.

Politisch ereignet sich am 29. Mai 1453 das grosse Drama: Nach knapp zweimonatiger Belagerung, fällt die Reichshauptstadt Konstantinopel an Mehmed II. Der letzte byzantinische Kaiser Konstantin XI. stirbt während der Kämpfe um die Stadt. Konstantinopel wird umbenannt in Istanbul und islamisch.

Die Inquisition

Die Verbindung von kirchlicher und weltlicher Macht führt in der ersten Hälfte des 13. Jahrhunderts zu einer tragischen Entwicklung, nämlich zur Inquisition. Theologen der Kirche sagen, wenn jemand den Glauben durch falsche Lehre (Häresie) gefährde, dann gefährde er mit dem authentischen Glauben auch die Sicherheit des Staates.[10] Aus diesem Grund wird eine Art Glaubenspolizei eingeführt, die Inquisition. Inquisition heisst Untersuchung.

Die Inquisition ist zunächst eine fortschrittliche Erfindung, denn sie setzt zum ersten Mal in der Rechtsgeschichte das Prinzip durch, dass es bei einer Anklage eine behördliche Untersuchung geben muss, bei der Zeugen und Angeklagte zu Wort kommen und die Schuld des Angeklagten bewiesen werden müsse. Vorher konnten Abweichler in jedem Land und in jeder Religion ohne Gerichtsverfahren umgebracht werden.

---

10 Das ist heute im Islam noch so. Da der Islam die tragende Säule der Gesellschaft und des Staates ist, verlässt derjenige, der den Islam verlässt, nicht nur eine Religion, sondern schwächt die islamische Gemeinschaft des Staates.

Am berüchtigtsten war die Spanische Inquisition, eine mit Genehmigung des Papstes eingerichtete staatliche Behörde zur Bekämpfung der Häresie und der Ketzer in Spanien. Sie existierte formal mit Unterbrechungen von 1478 bis 1834 und hat zu schlimmsten Auswirkungen geführt. Die meisten Angeklagten wurden dazu verurteilt, eine Wallfahrt zu machen oder eine Zeit lang ein Büsserkreuz zu tragen. Trotzdem war es schlimm, Leute auszugrenzen. Zudem wurde bei den Befragungen auch gefoltert.

Zur Reflexion

Häufig werden Inquisition und Kreuzzüge in einem Atemzug mit den Verbrechen des Dritten Reichs genannt. Dieser Vergleich ist aber aus verschiedenen Gründen unlauter. Nachforschungen haben ergeben, dass in der Inquisition in Deutschland etwa 1% der Angeklagten (ein paar Tausend) zum Tode verurteilt worden. Bei der Inquisition in Spanien, die am schärfsten war, gab es auf über 300 Jahre betrachtet zwischen 30‘000 und 80‘000 Todesopfer. Das ist sehr schlimm, doch viel weniger, als im Zweiten Weltkrieg an gewissen Tagen an einem einzigen Tag gestorben sind.

Es ist sehr schwer, heutige rechtstaatliche Kategorien auf das Mittelalter anzuwenden, denn die mittelalterliche Gerichtsbarkeit war mit Religionsdingen vermischt, wie es damals auch in anderen Lebensbereichen üblich war. Zugleich gab es in der Kirche immer auch wichtige theologische Stimmen, die gesagt haben, dass nicht gefoltert werden darf und dass es keinen Zwang in Glaubensfragen geben darf. Auch wenn damals praktisch überall gefoltert wurde, muss man den Christen ankreiden, dass sie zu wenig tief in Jesus verwurzelt waren um zu erkennen, dass dies Unrecht ist.

Abendländisches Schisma und die Renaissance

Vom 13. bis ins 16. Jahrhundert hat die Kirche mehr und mehr an weltlicher Macht gewonnen. In dieser Zeit kommt es 1378 zum Abendländischen Schisma, in der es Päpste sowohl in Avignon und in Rom gab. Auslöser dieser Spaltung innerhalb der lateinischen Kirche war ein Konflikt im Kardinalsgremium. Erst am Konzil von Konstanz (1414–1418) wurde durch die Wahl von Papst Martin V. 1417 die Spaltung überwunden.

[11] Renaissance bedeutet Wiedergeburt, das Wiederaufleben der Antike mit ihrer Schönheit und ihrem Prunk.

In dieser Zeit ist die päpstliche Macht am Höhepunkt angelangt. Die Päpste sind sehr reich, besonders in der Epoche der Renaissance.[11] In diese Zeit fällt auch die Renovierung des Petersdoms. Ein schönes, aber auch sehr teures Bauwerk. An dieser Kirche der Renaissance ärgert sich zunehmend ein Teil der Christenheit. So ist auch aus Deutschland immer wieder der Ruf nach Erneuerung an Haupt und Gliedern zu hören. Durch das ganze 15. Jahrhundert sind reformatorische Gärungen wahrnehmbar, etwa durch John Wyclif (1330–1384), Jan Hus (1369–1415), die Hussiten, die böhmischen Brüder und weitere, bis dann Martin Luther auftrat.

1.7. Die Kirche in der Neuzeit (1517 bis 1798)

Martin Luther und die Reformation

Die damalige soziale, politische und kirchliche Situation begünstigt die Reformation. Die Bedeutung des Papsttums war, nachdem mehrere Päpste Anspruch auf die Nachfolge Petri erhoben und sich gegenseitig exkommuniziert hatten (Abendländisches Schisma), für manche Gläubigen relativiert. Papst Julius II. (1503–1513), der 1506 die päpstliche Leibwache Schweizergarde gründete und sein Amt mehr im Sinne eines italienischen Territorialfürsten verstand, initiiert 1506 den Neubau des Petersdom. Dadurch waren dessen Nachfolger in ständiger Geldnot. Deshalb hat Papst Leo X. 1517 den sogenannten Petersablass eingeführt.

Martin Luther (1483–1546) ist 1505 als Mönch in den Orden der Augustiner-Eremiten eingetreten. Seit 1512 arbeitet Luther als Professor an der Universität Wittenberg und hält Vorlesungen über die Bibel. Die Auslegung des Römerbriefs und die intensive Beschäftigung mit der paulinischen Theologie beeinflussen sein Denken zutiefst. Martin Luther ist ein Mensch, der von Gewissensnöten und -skrupeln geplagt wird. Er hat ständig das Gefühl, es Gott nicht recht machen zu können. Dann kommt es zum sogenannten „Turmerlebnis“: Er liest in der Nacht: *„Der Gerechte wird durch Glauben leben“ (Röm 1,17).* Plötzlich geht ihm auf, dass er vor Gott nicht durch seine frommen Taten sondern durch den Glauben gerechtfertigt wird. Zugleich sieht er, dass für den Petersdom Ablasshandel bezahlt wird und manche Missbräuche.

In der Folge schreibt er einen theologischen Diskurs, in dem er darlegt, wie er die Rechtfertigung versteht. Darin wendet er sich auch gegen die Missbräuche (Ablasshandel) in der Kirche. Am 31. Oktober 1517 veröffentlicht er seine 95 Thesen. Damit stösst er sofort auf Kritik von den katholischen oder den amtskirchlichen Theologen, doch gleichzeitig gibt es viele, die das begeistert aufnehmen.

In der Folge führen wohl Hartherzigkeit, Stolz und Missverständnis auf beiden Seiten dazu, dass man sich nach wenigen Jahren gegenseitig verdammt. Auf katholischer Seite sind die Kardinäle überhaupt nicht bereit, ernsthaft mit Martin Luther zu diskutieren. Aber auch Martin Luther hat bald darauf ein Traktat geschrieben und den Papst als Antichrist bezeichnet und damit ausgesagt, das Papsttum käme vom Teufel.

Martin Luther ist sehr wirkmächtig in seiner Sprache. Durch den gerade erfundenen Buchdruck haben seine Schriften massenweise Verbreitung gefunden. Bekannt wird Martin Luther besonders durch die Bibelübersetzung. Er ist zwar nicht der Erste, der die Bibel ins Deutsche übersetzt hat (Es gab ca. ab 5. Jahrhundert die Wulfilabibel), doch seine, die sogenannte Luther-Übersetzung ist leicht verständlich und findet massenweise Verbreitung.

Nach und nach hat sich die Lehre der Reformation durch die drei „Solas“ definiert, die bis heute noch gemeinsamer Nenner der aus der Reformation hervorgegangenen Kirchen sind: „Sola scriptura“: Nur die Bibel ist die Grundlage des christlichen Glaubens, nicht die kirchliche Tradition. „Sola gratia“: Allein durch die Gnade Gottes der glaubende Mensch errettet (gerechtfertigt) wird, nicht durch seine Werke. Und „Sola fide“: Allein durch den Glauben wird der Mensch gerechtfertigt, nicht durch gute Werke. Manchmal wird noch ergänzt: „Solus christus“: Nur Christus ist der einzige Mittler und keine Menschen (Heilige, oder Priester, …).

Ausbreitung der Reformation

Der Beginn der Reformation wird allgemein auf 1517 datiert, als Martin Luther seine 95 Thesen auf die Tür der Schlosskirche zu Wittenberg geschlagen haben soll. In Deutschland spielt Martin Luther die Hauptrolle, in der Ostschweiz ist dies Huldrych Zwingli (1484–1532) und in der Westschweiz (Genf) Johannes Calvin (1509–1564). Calvin wird dann anschliessend in der neuen Welt, inzwischen ist Amerika entdeckt worden, wichtiger als Martin Luther.

Zwischen den Reformatoren Luther, Calvin und Zwingli gibt es etliche theologische Differenzen bezüglich des freien Willens und der Allmacht Gottes, des Abendmahls und weitere. So spaltet sich die Reformbewegung aufgrund unterschiedlicher Lehren in verschiedene protestantische Kirchen. Die wichtigsten Konfessionen, die aus der Reformation hervorgegangen sind, sind die Lutheraner und die Reformierten (darunter Calvinisten, Zwinglianer und Presbyterianer). Hinzu kommen die reformatorischen Täufer.

Die lutherische Bewegung breitet sich schnell in Deutschland aus. Dort kommt es 1525 zu den Bauernkriegen. Viele erwarten, dass sich Luther auf die Seite der Bauern stelle, doch er positioniert sich auf die Seite der Fürsten. Das endet in einem grossen Gemetzel an den Bauern. Dadurch ebbt die frühe lutherische Bewegung etwas ab.

Gemäss dem damaligen Zeitgeist ist für alle drei Reformatoren die Verbindung von Staat und Kirche völlig klar. Calvin richtet sogar ein Reich in Genf auf, wo die Calvinisten herrschen und als Folge das Tanzen verboten und stattdessen dann verpflichtende Bibellektüre für alle eingeführt wird. Wir sehen: Die Zeit ist noch nicht reif für die Freiheit im Bereich des Glaubens.

Spannungen, Gegenkonzil und Krieg zwischen den Konfessionen

In der Folge verhärten sich die katholischen und reformatorischen Seiten immer mehr gegeneinander. Daran kann auch Kaiser Karl V. (1500–1558) nichts ändern, der sich als Friedenswahrer in Europa, Schützer des Abendlandes und Schützer der Kirche versteht. Er hat grosse Probleme, weil die Türken wieder angreifen (all die Jahrhunderte hindurch versuchen die Muslime immer wieder das christliche Europa anzugreifen und zu erobern). Rein schon deshalb will er als Kaiser das Reich zusammenhalten. Da kommt ihm die Ausbreitung der Reformation mit den damit verbundenen politischen Spannungen völlig ungelegen. Doch Karl V., der oft durch Kriege abwesend ist, kann schliesslich die Ausweitung der Reformation nicht verhindern.

Was Karl V. über den Protestantismus denkt, ist klassisch: Luther sagt vor dem Reichstag: „Hier stehe ich, ich kann nicht anders, Gott helfe mir. Amen." Er appelliert an das eigene Gewissen. Kaiser Karl V. sagt, ein Einzelner kann irren, aber die ganze Kirche kann nicht irren. Deswegen bleibe ich bei dem, was die ganze Kirche lehrt. Extrem unterschiedliche Wahrnehmungen.

Karl V. setzt gegenüber dem Papst die Einberufung des Konzils von Trient durch, welches kirchengeschichtlich sehr wichtig ist. Das Konzil von Trient (Tridentinum) wird von der römisch-katholischen Kirche als 19. ökumenisches Konzil bezeichnet und fand in vier Sitzungsperioden zwischen 1545 und 1563 statt. Hauptanlass war die Notwendigkeit, auf die Forderungen und Lehren der Reformation zu reagieren. Es führt aber nicht zur Versöhnung der Religionsparteien, sondern wird zur Reform des Katholizismus zum Ausgangspunkt der Gegenreformation. Viele Missstände werden beseitigt. Der katholische Glaube wird in Abgrenzung zu den Protestanten neu bestimmt. Die Ausbildung der Priester wird durch die Einrichtung von Priesterseminaren verbessert. Der Missbrauch im Ablasswesen wird abgeschafft. Die Liturgie wird neu geregelt und vereinheitlicht. Die Gegenreformation wird in ganz Europa durch die religiösen Orden verbreitet, darunter besonders von dem 1540 gegründeten Orden der Jesuiten, der in die Universitäten und Höheren Schulen vordringt.

Politisch kommt es zum gegenseitigen Krieg: Die Lutheranischen Fürsten und Städte haben 1531 ein militärisches Bündnis gegen die Religionspolitik des Kaisers Karl V. geschlossen. In der Folge führt dies 1546 und 1547 zum ersten von mehreren Kriegen gegen die Schmalkaldener, gegen ein Bündnis protestantischer Landesfürsten und Städte. Nach diesen Kriegen wird 1555 der Augsburger Religionsfrieden geschlossen. Doch dieser Friedensschluss kann nicht verhindern, dass ein paar Jahre später der grosse konfessionelle Krieg ausbricht: Der Dreissigjährige Krieg. Der Dreissigjähriger Krieg war ein Chaos von vielen einzelnen schrecklichen Kriegen, bei denen in manchen Landstrichen die Hälfte der deutschen Bevölkerung stirbt: 30 Jahre Schrecken. Die Kriegsgräuel, die von beiden Seiten verübt werden, sind unglaublich. Christen bringen sich gegenseitig um.

Zur Reflexion

Das primäre Anliegen von Martin Luther war die Reformation, das heisst die Erneuerung der Kirche. Er wollte keine neue Kirche gründen und somit eine Spaltung herbeiführen, sondern reformieren. Weshalb ist dies nicht gelungen? Waren es Hartherzigkeit, Stolz und Missverständnisse auf beiden Seiten, die dazu geführt haben, dass man sich nach wenigen Jahren gegenseitig verdammt hat?

Die Reformation war Ergebnis von Reformunwilligkeit und Ungehorsam, Überbetonung der Tradition und Überbetonung der persönlichen Glaubenseinsicht. Erste Anstösse der Reform in der katholischen Kirche wurden im Konzil von Trient (1545), vor allem aber im 2. Vatikanischen Konzil aufgegriffen. Aus der Reformation sind unzählige (an die 20.000 weitere) Denominationen hervorgegangen. Das „christliche Europa“ war vorbei. Der Dreissigjährige Krieg war eine späte Frucht der Spaltung, verwüstete den Kontinent und tötete halb Deutschland. Was können wir für heute davon lernen?

Die Anglikanische Kirche

In dieser Zeit ereignet sich ein weiterer Bruch im Jahr 1534: Papst Klemens VII. weigert sich, die Ehe des englischen Königs Heinrich VIII. zu annullieren. Da beschliessen die englischen Bischöfe, die Autorität des Papstes nicht mehr länger anzuerkennen. Sie erklären ihren König zum Oberhaupt ihrer Kirche.

Hier zeigt sich etwas typisch Katholisches: Die Treue zur Lehre, auch gegenüber einem König, ist ihr wichtiger als eine mögliche Abspaltung. Dennoch: Der Hauptgrund der Entstehung der Englischen (Anglikanischen) Kirche bestand im Freiheitsbestreben der englischen Könige, die schon früher mehr Freiheitsrechte in der Besetzung ihrer Bistümer als andere hatten.

Weltmission und geistliche Erneuerungsbewegungen

Wo viel Schatten ist, bewirkt der Herr immer neu Licht! So passiert in dieser Zeit etwas sehr Wichtiges: die Weltmission beginnt. Durch Christoph Columbus (1451–1506) werden ganze Kontinente mit dem Evangelium erreicht. Häufig wird jedoch gleichzeitig der westliche Imperialismus und damit die westliche Lebensweise importiert. Das führte zur Errichtung von westlichen Kolonien und zur Unterdrückung der einheimischen Kulturen. In Südamerika missionieren die Spanier und Portugiesen, doch leider teilweise auch gewalttätig. So hat zwar der westliche Missionar den Glauben gebracht. Doch zugleich mit ihm kamen häufig auch westliche Unterdrückungssysteme, was schmerzlich ist.

Es gibt auch andere Beispiele wie Franz Xaver (1506–1552), der Begründer der Jesuitenmission. Er lebt mit den Armen, erforscht das Missionsfeld planmässig, studiert die Bräuche der Völker, baut in Grossstädten Christengemeinden als Kernzellen des Evangeliums auf und bildet einheimische Missionare aus. Sein Dienst hat riesige missionarische Auswirkungen in Südost-Asien, in Japan und bis in China hinein. Viele Missionare sterben als Märtyrer, viele erleben Zeichen und Wunder.

In Deutschland bekommt die evangelische Bewegung zunehmend verschiedene Ausprägungen. Die evangelische Staatskirche wird vielen zu kopflastig und so entwickelt sich in der zweiten Hälfte des 17. Jahrhunderts der Pietismus, der mehr Wert auf die persönliche Frömmigkeit legt als auf die reine Lehre oder die kirchliche Einheit.

Daraus entstand auch die Herrnhuter Brüdergemeinde, die von Nikolaus Graf von Zinzendorf (1700–1760) gegründet wurde. Die Herrnhuter Brüdergemeinde (Unitas Fratrum) ist eine aus der böhmischen Reformation herkommende überkonfessionell-christliche Glaubensbewegung, welche vom Protestantismus und dem späteren Pietismus geprägt wurde. Ausgehend von Herrnhut, das in Ostdeutschland liegt, entsteht eine weltweite Missionsbewegung mit grossen Auswirkungen.

Die Puritaner waren ursprünglich eine Reformbewegung in der Anglikanischen Kirche. Da sie sich auf Calvin und nicht auf die Anglikanische Kirche berufen, werden sie bald verfolgt. Im 17. Jahrhundert wandern viele Puritaner in die Neue Welt der späteren Vereinigten Staaten von Amerika aus. Konfessionell zersplitterte sich der Puritanismus in eine Reihe verschiedener Denominationen, wie z. B. die Presbyterianer und weitere, der heutigen Freikirchen im englischsprachigen Raum.

Zu den Puritanern gehören bekannte Persönlichkeiten wie zum Beispiel Jonathan Edwards (1703–1758), ein grosser Erweckungsprediger, der wesentlich auch mitbeteiligt war an den grossen Erweckungen in den USA, dem "First Great Awakening".[12] Diese Erweckungen am Anfang des 18. Jahrhunderts kennen bereist ähnliche Phänomene wie die charismatische Bewegung und Massenbekehrungen.

In England und später auch in Nordamerika tritt John Wesley (1703 -1791) als Erweckungsprediger auf, der auch von den Puritanern inspiriert wurde. Zusammen mit seinem Bruder Charles und weiteren wird er zum Begründer der methodistischen Bewegung. John Wesley legt das Hauptgewicht seiner Theologie nicht auf Meinungen und Lehren, sondern auf Gesinnung und Lebensführung.

In der katholischen Welt ist die mystische Erweckungsbewegung von grosser Bedeutung, deren Hauptinitianten Teresa von Avila (1515–1582) und Johannes vom Kreuz (1542–1591) sind. Teresa kommt mit einem ganz neuen Ansatz und sagt, dass es im Christentum in erster Linie nicht um Regeln und auch nicht um Dogmatik gehe, sondern um die Umgestaltung des inneren Menschen. Sie schreibt darüber Bücher, führt unzählige Menschen ins Gebet ein, viele neue Klöster entstehen, eine bedeutsame Gebetsbewegung.

Das 17. und 18. Jahrhundert ist eine Phase mit vielen geistlichen Erneuerungsbewegungen. Gemeinsam ist: Die Menschen fangen engagiert und vertrauensvoll an zu beten. Das Christentum wird radikal auf die Bibel zurückgehend gelebt. Ein ganz neuer Schwung ist im Christentum da.

---

[12] Great Awakening ist die Sammelbezeichnung für eine Reihe grosser protestantischer Erweckungsbewegungen, die sich seit den 1730er Jahren in den Vereinigten Staaten ereigneten.

Hexenverfolgung

In diese Zeit fällt ein trauriges Kapitel in der Geschichte der Kirche: die Hexenverfolgung. Der Glaube an Wesen, die wir heute als Hexen bezeichnen und die mit ihrem Zauber Schaden anrichten können, zieht sich weltübergreifend durch alle Kulturkreise und Zeiten hindurch. Sowohl in Babylonien wie auch im Alten Ägypten wurden Zauberer bestraft. Das Alte Testament verbietet Zauberei und fordert zur Verfolgung von Zauberern auf *(vgl. 2 Mos/Ex 22,17)*. Auch die vorchristlichen Germanen kannten die Verbrennung von Schadenzauberern seit frühester Zeit. Hexenverfolgung gibt es im alten China, gibt es praktisch in fast allen Stammesreligionen. So wurden in den letzten Jahrzehnten unzählige als Hexen in Afrika verbrannt. Noch heute werden z.B. in Papua-Neuguinea Frauen als Hexen gebrandmarkt, gefoltert und getötet.

Bereits Augustinus wie auch das Konzil von Paderborn 785 äusserten sich kritisch gegenüber der Hexenverfolgung. Trotzdem gab es immer wieder Wellen von Hexenverfolgung. Besonders schlimm war es Ende des 15. Jahrhunderts und im 16. Jahrhundert. Hexen wurden in evangelischen, lutherischen Landstrichen fast mehr verbrannt als in katholischen Gegenden, am meisten in den amerikanischen, evangelikalen Gegenden.

In dieser Zeit gab es auch Kritiker. So schrieb Friedrich Spee (1591–1635), ein deutscher Jesuit 1631 die Schrift „Cautio Criminalis“, in der er Einwände gegen Folter und Hexenglauben vortrug. Entgegen der damaligen Rechtsauffassung gibt er als Erster zu bedenken, dass Folter möglicherweise nicht der Wahrheitsfindung diene. Daraus leitet er die damals kühne Vermutung her, die verdächtigten Frauen seien unschuldig, obwohl sie unter Folter ihre Schuld gestanden hätten.

Grund für die Verfolgung der Hexen ist der Glaube, dass Hexen durch eine Verbindung mit dem Teufel (schwarze Magie) Macht haben, um den Menschen zu schaden. Deshalb gelten sie als Gefahr für das Volk. So wurden zwischen dem 13. und 19. Jahrhundert in ganz Europa etwa 40.000 bis 60.000 Hexen umgebracht. Ein trauriges und schlimmes Kapitel! Dennoch aber kann die Zahl in keiner Weise mit den Millionen von Getöteten der atheistischen Diktaturen im 20. Jahrhundert verglichen werden.

Erstarken der Naturwissenschaften und die Folgen für das Christentum

Die Gräuel des Dreissigjährigen Krieges haben wesentlich auch zur Entstehung der „Aufklärung“, die um ca. 1700 entsteht, beigetragen.

Die Aufklärung beruft sich nicht mehr auf die göttliche Offenbarung, sondern auf Vernunft. Das Beispiel des Dreissigjährigen Krieges zeigt, dass die alleinige Berufung auf die Religion gegenseitiges Umbringen zur Folge haben kann. Die Aufklärung setzt sich zum Ziel, durch rationales Denken, alle Strukturen zu überwinden, die den Fortschritt behindern.

Im Zusammenhang mit der Epoche der Aufklärung gelingt im 17. Jahrhundert den Naturwissenschaften der entscheidende Durchbruch in den intellektuellen Gesellschaftsschichten. Dies löst eine wissenschaftliche Revolution aus, die im 18. Jahrhundert mit vielen neuen Entdeckungen und Erfindungen zum industriellen Zeitalter führt und die Gesellschaft vor allem in der westlichen Welt stark verändert.

Dies hat auch die christliche Theologie stark beeinflusst. Die Aufklärung sagt, dass das Entscheidende, was der Mensch wissen kann, von seiner Vernunft komme. Damit kommt vor allem in den Umgang mit der Bibel eine neue Sichtweise, die in der evangelischen Theologie deutlich mehr Einfluss gewinnt als in der katholischen Theologie. Theologen wie Friedrich von Schleiermacher (1768–1834) vertreten die Meinung, dass sich die Vernunft und der christliche Glaube nicht widersprechen dürfen. Wo sie sich widersprechen, da muss der Glaube korrigiert werden. Das führt zur Überzeugung: Weil die Welt nach genauen Naturgesetzen funktioniert, kann es keine Wunder und kein übernatürliches Eingreifen Gottes geben. Damit kommt es auch zum Anfang der kritischen Bibelwissenschaft und der historisch-kritischen Methode. Letztere versteht sich als wissenschaftlicher Methodenapparat zur Untersuchung biblischer Texte mit dem Ziel, einen biblischen Text in seinem damaligen historischen Kontext zu verstehen und auszulegen.

1.8. Die Kirche im 19. und 20. Jahrhundert

Die Vernunft allein erfüllt den Menschen nicht. Das spüren die Menschen immer mehr im 19. Jahrhundert. So entsteht als Gegenbewegung die schöne literarische, künstlerische und philosophische Strömung der Romantik. Die Romantik, die vom Ende des 18. Jahrhunderts bis weit in das 19. Jahrhundert hinein dauert, zeigt sich insbesondere auf den Gebieten der bildenden Kunst, der Literatur und der Musik. In der Romantik wird das Gefühl, auch das Gefühl im Glauben betont. Das führt zum Aufblühen der katholischen Frömmigkeit. Typische Ausdrucksformen dafür sind Andachten, eucharistische Anbetung, Marien- und

Herz-Jesu-Verehrung. Der römische Katholizismus gewinnt im 19. Jahrhundert wieder an neuer Stärke.

Neuordnung zwischen kirchlichen und weltlichen Befugnissen

Die Kirche ist seit dem Mittelalter Trägerin des gesamten Bildungswesen und der Sozialfürsorge. Spätestens im 18. Jahrhundert kommen mit dem Absolutismus und der Aufklärung Tendenzen auf, die stattdessen den Staat in dieser Rolle sehen wollen. Dazu trug auch die Französische Revolution von 1789 bis 1799 bei. Sie wendet sich gegen die weltliche Macht der Kirche und tritt für die Trennung von Kirche und Staat ein. Damit beginnt der Prozess der Säkularisation. Damit wird ursprünglich die staatliche Einziehung oder Nutzung kirchlicher Besitztümer (Land oder Vermögen) bezeichnet.

Diese Neuordnung von kirchlicher und weltlicher Macht förderte auch der französische General und Kaiser Napoleon I. (1769–1821). Sie wird an vielen Orten besonders während der napoleonischen Besatzung umgesetzt. Dadurch bildet sich allmählich ein neues staatliches Selbstverständnis heraus: Der Staat löst sich mehr und mehr von jeglicher konfessionellen Bindung. Er will sein ziviles und soziokulturelles Innenleben frei und ohne päpstliche Einflussnahme gestalten.

Um den Versuch der Neuordnung des Verhältnisses von Staat und Kirche geht es später auch im Kulturkampf in Deutschland. Damit wird der Konflikt zwischen dem Deutschen Kaiserreich unter Reichskanzler Otto von Bismarck und der katholischen Kirche unter Papst Pius IX. bezeichnet. Diese Auseinandersetzungen werden 1887 diplomatisch beigelegt.

Industrialisierung, soziale Frage, Primat des Papstes

Prägend für das 19. Jahrhundert ist die Industrialisierung. Gegen Ende des 19. Jahrhunderts führen radikale Veränderungen auf politischem, wirtschaftlichem und sozialem Gebiet, besonders in Wissenschaft und Technik, zu einer Spaltung der Gesellschaft in zwei Klassen. Nach der Auflösung der Standeszünfte hat die grosse Masse der Arbeiterschaft keine Macht mehr, um sich gegen das unwürdige Dasein als notleidende Arbeiterklasse zu wehren. Das führt zur Frage: Wie werden wir mit der grossen sozialen Ungleichheit fertig? Daraus entstehen zwei Entwicklungen.

Erstens: Diese Ungerechtigkeit fördert das Entstehen des Kommunismus. Der Kommunismus ist ein Herrschafts- und Politikkonzept, das von der Überlegung ausgeht, dass es kein Privateigentum an Produktionsmitteln gibt und dass der gesamte Besitz allen gemeinsam gehört. Der Kommunismus geht auf Karl Marx (1818–1883) zurück und wurde von Wladimir Iljitsch Lenin (1870–1924) weiterentwickelt. Nach der Oktoberrevolution von 1917 wurde Russland kommunistisch. Von 1924 bis 1953 war Josef Stalin (1878–1953) Generalsekretär der Kommunistischen Partei der UdSSR. Während seiner Amtszeit werden zahlreiche Verbrechen begangen. Millionen Menschen werden umgebracht, oder in Lager und Gefängnisse gesteckt. Der Kommunismus wird über hundert Jahre hinweg einer der grössten Feinde des Christentums.

Zweitens führt die Industrialisierung zur Entwicklung der christlichen Soziallehre. Die Katholische Soziallehre beschäftigt sich mit der Frage, wie ein gerechtes soziales Miteinander aussehen kann. Vieles, was wir heute haben, beispielsweise Krankenversicherungen und Arbeitslosenversicherung verdanken wir christlichen Vordenkern.

Herausragende Personen sind in der kath. Kirche z. B. Adolph Kolping (1813–1865). Er war ein deutscher katholischer Priester und der Begründer des Kolpingwerkes, das bis heute zu den grossen Sozialwerken der Katholischen Kirche gehört. Bedeutsam ist Papst Leo XIII. Er gilt als Arbeiterpapst, nimmt die neuen Verhältnisse und Entwicklungen wahr und veröffentlicht 1891 die Enzyklika Rerum Novarum, die „Mutter aller Sozialenzykliken“ gilt.

Auch in der Evangelischen Kirche gibt es grosse karitative Werke. Johann Georg Ferdinand Müller (1805–1898) war ein deutscher evangelischer Theologe und Evangelist, der eine Waisenarbeit in Ashley Down für über 1000 Waisen aufbaute. Die Arbeit lebte von Spenden, ohne dass jemals ein Spendenaufruf veröffentlicht wurde, weil Georg Müller darauf vertraute, dass Gott für alle notwendigen Spenden sorgen würde.

Im 19. Jahrh. werden Laien immer aktiver im Glauben. Sie wollen nicht mehr nur Befehlsempfänger des Klerus sein, sondern selbst überlegen. So kommt es in Deutschland 1848 zum ersten Katholikentag.

Eine Person, die sehr kontrovers gesehen wird ist Papst Pius IX. (1792–1878). Sein Pontifikat (1846 bis 1878) ist das längste in der römisch-katholischen Kirche. In seine Zeit fallen die Verkündung des Dogmas von der Unbefleckten Empfängnis Mariens, das Erste Vatikanische Konzil mit der Propagierung des päpstlichen Jurisdiktionsprimats[13] und der päpstlichen Unfehlbarkeit sowie der Verlust des Kirchenstaates an das Königreich Italien.

13 Der Papst hat in der katholischen Kirche die höchste Rechtsgewalt (Jurisdiktionsprimat) inne. Gegen seine Entscheidungen kann nicht mehr an eine höhere Instanz appelliert werden.

In besonderer Weise wendet er sich in Briefen und Enzykliken gegen den Kommunismus, den Sozialismus, den Modernismus und eigentlich gegen fast alles, was mit –ismus endet, zusammengefasst wird all dies unter dem Stichwort: „Antimodernismus“. Damit wird eine Strömung innerhalb der katholischen Kirche bezeichnet, die sich nicht nur (aus heutiger Sicht) gegen abwegige Modeerscheinungen des 19. Jahrhunderts wendet, sondern auch gegen gesellschaftliche und politische Reformen zur Durchsetzung von Menschenrechten und Demokratie.

Die Verkündigung des Dogmas der „Unfehlbarkeit des Papstes“ bei endgültigen Entscheidungen in Glaubens- und Sittenlehren 1870 führt zu einem Bruch innerhalb der katholischen Kirche. Katholische Gläubige, welche die Beschlüsse des Konzils nicht annehmen wollen und können, gründen in der Folge eigene Kirchen. In Deutschland und Österreich werden sie „Alt-Katholische“ und in der Schweiz „Christkatholische“ Kirche genannt.

Mehr „Zur Unfehlbarkeit des Papstes“ im Anhang S. 135.

Pfingstbewegung, Ökumenische Bewegung und Bibelbewegung

An der Schwelle zum 20. Jahrhundert ereignen sich zwei segensreiche Geschehnisse. Das eine ist die Entstehung der Pfingstbewegung, 1901: Am ersten Tag des 20. Jahrhunderts rief Papst Leo XIII. im Namen der Kirche den Heiligen Geist auf das beginnende 20. Jahrhundert herab. Und am gleichen Tag fangen in Topeka Kansas ein paar Leute an, in Sprachen zu beten.

1906 erlebte eine Gruppe in der Azusa-Street-Mission in Los Angeles die Taufe im Heiligen Geist, die Erfahrung von Pfingsten. Diese Menschen beginnen körperliche Heilungen zu erleben, in Sprachen zu beten und prophetisch zu reden. Von da aus, verbreitet sich diese Bewegung innerhalb weniger Jahre wie ein Feuer aus, auf die ganze Welt. Und heutzutage ist schätzungsweise mehr als ein Viertel aller Christen weltweit pfingstlich oder charismatisch geprägt quer durch alle Kirchen und Denominationen. Deswegen ist das Jahr 1906 von epochaler Bedeutung.

Fast gleichzeitig entsteht das Zweite: Die ökumenische Bewegung. Die Christen hören auf sich zu bekriegen und beginnen stattdessen miteinander zu beten. Es gab immer wieder Leute, die ökumenisch gedacht haben, aber so richtig Schwung gewann das erst ab 1910. Die ökumenische Bewegung strebt die weltweite Einigung und Zusammenarbeit der verschiedenen christlichen Kirchen an. Eine sichtbare institutionelle Gestalt ist der Ökumenische Rat der Kirchen, der 1948 entstanden ist und heute 349 Mitgliedskirchen in mehr als 120 Ländern auf allen Kontinenten zählt.

In der theologischen Wissenschaft findet ab dem 19. Jahrhundert eine Neubesinnung auf die Bibel als Ausgangspunkt des Glaubens im Bereich der römisch-katholischen Kirche statt. Sie bereitet geistlich zusammen mit der „Jugendbewegung", der „Liturgischen Bewegung" und der „Ökumenischen Bewegung" das Zweite Vatikanische Konzil vor.

Christen im Widerstand gegen Diktaturen

Im 20. Jahrhundert ist die Kirche immer wieder im Widerstand: Kirche im dritten Reich, Kirche im spanischen Faschismus, Kirche im Kommunismus in verschiedensten Ländern, Kirche in islamischen Ländern, ... Quer durch das 20. Jahrhundert sterben mehr Christen als Märtyrer als alle Jahrhunderte zusammengerechnet zuvor.

Alleine im KZ Dachau sterben 5‘000 katholische Priester. Die katholische Kirche hat im Dritten Reich einen sehr hohen Blutzoll gezahlt. Die evangelische Kirche war an dem Punkt sehr gespalten. Es gab eine extrem stark bekennende Kirche, die sich mit einer Klarheit, die den meisten Katholiken abgegangen ist, gegen Hitler gestellt hat. Es gab aber auch eine grosse evangelische Volkskirche, die sich von Hitler einfangen liess.

Das Zweite Vatikanische Konzil

In der katholischen Welt ist das zweite Vatikanische Konzil (1962–1965) von grosser Bedeutung. Der Heilige Geist inspirierte den 77-jährigen Papst Johannes XXIII., ein neues Konzil einzuberufen. Der Papst ersehnte dabei für die kath. Kirche ein neues Pfingsten. Er selbst bereitete ein Gebet vor, das die Gläubigen für das Konzil beten sollten. Es begann mit folgenden Worten: „Erneuere, o Herr, Deine Pfingstwunder in unseren Tagen."

Durch dieses Konzil geht ein grosser Ruck durch die Kirche. Die Kirche tritt aus ihrer Ghettomentalität heraus und öffnet sich für die Welt von heute. Das führt dazu, dass die Liturgie in der Muttersprache gefeiert wird, das allgemeine Priestertum der Laien gefördert wird, das Wort Gottes wieder mehr in den Mittelpunkt genommen wird, sich neu für die Welt missionarisch öffnete. Die Kirche als Volk Gottes, neuer

Stellenwert der Ortskirche, Ökumene, neues Bild von Israel, Religionsfreiheit, Menschenrechte, Engagement für den Frieden, Zusammenarbeit mit den anderen Religionen,... . Wir können sagen: Was Luther ursprünglich wollte, wurde weitgehend durch dieses Konzil erfüllt.

Weitere Entwicklungen und Ereignisse

Kurz nach Abschluss des Konzils im Februar 1967 waren Professoren und Studenten der katholischen Universität von Pittsburgh in Exerzitien, die auf eine Erneuerung des Firmsakramentes hinzielten. Dabei erlebten die Teilnehmenden dasselbe wie zu Pfingsten. In neuer Weise, mit neuer Kraft und mit einem gewaltigen Feuer wurden sie vom Heiligen Geist erfüllt. Das ist der Beginn der katholischen Charismatischen Erneuerung, die seither über 120 Mio. katholische Gläubige erfasst hat. Als ihr Schirmherr gilt Léon-Joseph Kardinal Suenens (1904–1996).

Nicht alle sind begeistert vom Konzil: Einigen geht die Öffnung zu weit: Marcel Lefebvre (1905–1991) römisch-katholischer Erzbischof wird zum Anführer katholischer Traditionalisten, die wesentliche Reformen des Zweiten Vatikanischen Konzils ablehnen, gründet 1970 die Priesterbruderschaft St. Pius X.. Anderen gehen die Reformen zu wenig weit. Es entsteht eine grosse Differenz zwischen liberaler und konservativer Theologie. Die Bereitungstheologie engagiert sich besonders für die Armen. In der Kirche entstehen verschiedene neue geistliche Bewegungen. Die gelebte Praxis des Glaubens schwindet immer mehr. Im deutschsprachigen Raum entstehen Richtungskämpfe innerhalb der Kirche. Weitere Reformen werden gefordert: Priestertum für Frauen, Aufhebung des Pflichtzölibates für Priester, mehr Demokratie in der Kirche, ...

Erstmals seit 450 Jahren wird 1978 ein Nichtitaliener Papst: Johannes Paul II. (1920–2005) mit dem zweitlängsten Pontifikat in der Kirche. Er überlebt ein Attentat. In dieser Zeit fällt die Berliner Mauer 1989, der Kommunismus bricht zusammen, Die Weltjugendtage seit 1985 werden kirchliche Mega-Events, Neuevangelisierung wird zu einem immer dringenderen Thema, ...

Mutter Teresa (1910–1997), weltweit bekannt durch ihren Dienst und ihre Hilfe an Armen, Obdachlosen, Kranken und Sterbenden, stirbt 1997.

1999 kommt es zur gemeinsamen Erklärung zur Rechtfertigungslehre, das einen Konsens über Grundwahrheiten der Rechtfertigung „allein aus Gnade“ zwischen dem Lutherischen Weltbund der römisch-katholischen Kirche und dem Weltrat methodistischer Kirchen ausdrückt. Ein ermutigendes Zeichen! Wenn wir zurückschauen, können wir sehen: Das erste Jahrtausend der Geschichte des Christentums war eine Zeit der (mehrheitlich) ungeteilten Kirche. Das zweite Jahrtausend führte im Osten wie im Westen zu tiefen Spaltungen der Kirche. Nun zeigen die Zeichen der Zeit, dass der Heilige Geist die verloren gegangene Einheit der Christen wiederherstellen will. Wie? Darauf dürfen wir gespannt sein!

Wo befinden sich die Kirchen im 21. Jahrhundert?

Spätestens seit der 2. Hälfte des letzten Jahrhunderts wird immer offensichtlicher, dass die Gestalt der Kirche sich wandelt. Die Volkskirche zerfällt mehr und mehr. Wir gehen auf eine neue Form der Kirche zu, die vielleicht wieder mehr Ähnlichkeiten mit der Kirche vor Kaiser Konstatin hat. Das bringt uns vor ganz neue Herausforderungen.

Eine Herausforderung bei uns und vielleicht der grösste Feind ist der um sich greifende Materialismus und zunehmend aggressivere Säkularismus. In einer Gesellschaft, die sich immer weiter von Gott wegbewegt, will der Säkularismus, ursprünglich aus dem Prozess der Trennung von Religion und Staat entstanden, es den Christen verbieten in entscheidenden Fragen ihre Stimmen zu erheben. Manche passen sich mehr an den Zeitgeist an, manche sind konservativ und gegen den Zeitgeist. Und eine dritte Gruppe versucht, neue Wege zu finden.

Vor uns steht ein spannender Weg, den wir Christen vermutlich nur gemeinsam bestehen können. Deshalb wollen wir uns nach diesem Kurzdurchgang durch 2000 Jahre Kirchengeschichte nun den mehr theologischen Fragen zuwenden.

2. Eine oder viele Kirchen?

Ein Blick in die heutige kirchliche Landschaft zeigt: Es gibt verschiedene Kirchen, Konfessionen, Denominationen und christliche Gruppen. Unter ihnen, und teilweise in ihnen, können wir viel an Uneinigkeiten und Spaltungen erleben. Das führt automatisch zur Frage: Wer hat Recht? Antworten auf diese und ähnliche Fragen können wir erst finden, wenn wir die dahinterliegende Grundfrage anschauen und klären: Was ist die Kirche? Was definiert Kirche?

2.1. Vorstellungen von Kirche

Wenn wir einander verstehen wollen, dann müssen wir wissen, welches Bild dem Anderen beim jeweiligen Begriff vorschwebt. Das Wort „Kirche“ kann ganz unterschiedliche Assoziationen, Gedanken und Vorstellungen auslösen. Wenn jemand fragt: „Gehst du zur Kirche?“ – dann ist mit „Kirche“ der Gottesdienst gemeint. Andere denken beim Wort „Kirche“ an die Kirchenamtlichen. „Kirche“ sind dann die Pfarrer, Pastoren, Prediger, Bischöfe, der Papst, Mönche, Nonnen, usw.... Wieder andere verstehen darunter die Konfessionen: Es gibt die katholische, die evangelische, die methodistische, die anglikanische Kirche, usw. Es gibt Freikirchen und verschiedenste kirchliche Gruppierungen.

Für andere ist die Kirche ein kulturelles Gut unserer Gesellschaft. Es gibt einige Anlässe, an denen man die Kirche besucht und ihre Rituale schätzt wie z. B. bei Taufe, Erstkommunion, Konfirmation, Firmung, Hochzeit, Beerdigung... Dann gibt es noch jene, für die ist die Kirche von architektonischer oder kunsthistorischer Bedeutung. Sie bewundern die vielen prächtigen Bauwerke mit all den kunstvollen Glasfenstern, die vielen wunderbaren Malereien und die unzähligen wertvollen Kunstschätze.

Zum Erwähnten können nun katholischen Christen und evangelisch-freikirchlichen Christen zwei grundsätzlich verschiedene Bilder im Kopf auftauchen. So können die beiden Extreme aussehen: Beim klassischen katholischen Bild von Kirche denken viele an den Papst und den Petersdom.[14] Die Kirche ist eine mächtige, mit dem Vatikanstaat[15]

---

[14] Übrigens steht innen an der Kuppel des Petersdoms oben „Du bist Petrus ‘Fels’. Auf diesen Felsen werde ich meine Kirche bauen“.

[15] Der Vatikan ist der kleinste allgemein anerkannte Staat der Welt mit einer Fläche von 0,44 Quadratkilometern.

sogar politische, Institution mit einer langen Geschichte. Sie ist aufgebaut und getragen von menschlichen Traditionen.

Evangelisch-freikirchliche Christen vermeiden oft das Wort Kirche und sprechen stattdessen von Gemeinde. Wenn Jemand sagt: „Das ist meine Gemeinde!“, dann denkt er nicht an eine geschichtliche Institution oder irgendwelche Dogmen, sondern: Wenn wir zusammen sind, wenn wir als Gemeinde den Herrn anbeten, wenn wir das Wort Gottes lesen, dann ist das Kirche.

Kirche – evangelisch-freikirchlich

Vertiefen wir uns zuerst in das evangelisch-freikirchliche Bild.[16] Zentral ist das Wort Gottes. Wo das Wort Gottes, und besonders das Evangelium von der Rechtfertigung aus Gnade, authentisch verkündet und geglaubt wird, da entsteht Kirche. Dort ist Jesus, wie er selbst verheissen hat: *„Wo zwei oder drei im meinem Namen versammelt sind, da bin ich mitten unter ihnen“ (Mt 18,20).* Die um das Wort Gottes, um Taufe und Abendmahl versammelten Einzelpersonen bilden die Kirche. Alle Versammlungen von echten Gläubigen bilden den Gesamtleib Jesu und ergeben zusammen die unsichtbare Kirche. Wer wirklich dazugehört, das kann keiner genau sagen, das kann nur der Herr. Die Kirche an sich ist unsichtbar, und erst wenn Jesus wiederkommt, wird sie offenbar.

Das Neue Testament legt keine verbindliche Kirchenstruktur fest. Die Autorität der Zwölf Apostel beschränkt sich auf die Verfassung des Neuen Testamentes. Seit dem Tod des letzten Apostels gilt „Sola scriptura“. Immer wenn Seine Kirche von diesem geoffenbarten, objektiven Wort Gottes abfällt, dann sucht sich Gott ein neues Volk. Er erweckt sich einen erneuerten Rest und macht mit denen weiter *(vgl. Jes 10,21; Jes 28,5).* Dabei kann auf das Gleichnis vom Weinberg hingewiesen werden, wo Jesus sagt: *„Das Reich Gottes wird euch weggenommen und einem Volk gegeben werden, das die erwarteten Früchte bringt“ (Mt 21,43).*[17]

---

[16] Es ist nicht wirklich protestantisch, denn es gibt im evangelischen bzw. protestantischen Christentum unterschiedliche Ekklesiologien, also unterschiedliche Vorstellungen von und Lehren über Kirche.

[17] Katholische Christen sehen dies eher so: Das Christentum kann an Kraft und Ausstrahlung verlieren und als Folge davon in ganzen Regionen (weitgehend bis ganz) verschwinden. So war z. B. zur Zeit von Augustinus (354 – 430) in Kartago und damit Nordafrika ein blühendes christliches Zentrum. Jahrhunderte später war nichts mehr da. So kann es überall, auch heute in Europa, geschehen.

– Vorteile

Diese Sicht von Kirche hat viele Vorteile: Die Menschen können sich sofort und direkt als Gruppe am Wort Gottes orientieren. Es braucht keinen Bischof, Pfarrer oder Pfarrgemeinderatsausschuss, der damit einverstanden sein muss, was man wie darf und was nicht. Vielmehr, wenn es in der Schrift heisst: „Betet für Kranke!“ oder: „Geht und verkündet das Evangelium!“, dann wird das gleich gemacht.

Amt und Charisma sind nah beieinander. Wenn Jemand wirklich gut für Leute sorgen kann, dann wird er wahrscheinlich Pastor. Er wird nicht Pastor, weil er ein Theologiestudium abgeschlossen hat und ein Gremium ihn dazu ernennt, sondern weil er die Aufgabe gut kann. Wenn Jemand ein guter Evangelist ist, dann kann er dieses Amt gleich auch ausführen. Häufig spricht man in solchen Gemeinden auch von den fünffältigen Diensten von Aposteln, Hirten, Lehrern, Propheten und Evangelisten *(Eph 4,11)*. Diese Ämter sind ganz nah an den Charismen, an den Gaben die der Heilige Geist gibt.

Die Strukturen sind pragmatisch und flexibel. Freikirchliche Christen schauen, was die Leute, die zu ihnen kommen oder die sie für Jesus gewinnen möchten, brauchen. Dann stellen sie entsprechende Leute ein, machen z. B. eine Homepage, drucken Unterlagen, bieten einen Gottesdienst an. Sie gestalten die Strukturen so, wie es heute hilfreich ist, dass Menschen Jesus begegnen können. Pragmatisch und ganz praktisch! Dabei berufen sie sich darauf, dass es im Neuen Testament kein eindeutiges Modell gebe, wie Kirche funktioniere. Es gab und gibt zwar Älteste, Bischöfe, Diakone, Apostel, Lehrer und Evangelisten. Doch steht nirgends, wie „Gemeinde“ gemacht werden soll. Deswegen kann man alles ganz flexibel handhaben.

Das führt dazu, dass hier nur Überzeugte dabei sind. Hier ist eine enge Gemeinschaft von Leuten, die das Gleiche wollen und sich für das Gleiche engagieren. Das strahlt aus. Das bewirkt, dass häufig die Kraft Gottes spür- und erlebbar ist. Der Herr bekräftigt die Dienste durch Zeichen und Wunder.

Zur Reflexion

Katholische Christen können antworten: Das ist alles recht subjektiv. Der Eine sieht es so, der Andere anders. Kann sich da nicht die Lehre jederzeit ändern? Und – wenn zwei sich zerstreiten, dann ist die Gefahr gross, dass man sich trennt und dann eine neue Gemeinde sucht oder gründet. So sind aus der Reformation über 20‘000 neue Kirchen,

Kirchen, Konfessionen, Denominationen und christliche Gruppierungen hervorgegangen. Eine solche Zersplitterung kann doch nicht der Weisheit letzter Schluss sein. Hat Jesus das tatsächlich so gewollt?

Kirche – katholisch

Nach dem katholischen Verständnis fängt die Kirche nicht mit der Bibel und zwei oder drei Personen an, die daraus lesen und an den gegenwärtigen Jesus glauben. Die Kirche hat mit Jesus von Nazaret angefangen. Jesus hat kein Buch geschrieben, sondern Zwölf Apostel ausgewählt, bevollmächtigt und sie beauftragt, Sein Werk weiter zu führen. Diese Zwölf Apostel bilden das Fundament Seiner Kirche. Jesus hat die Kirche auf reale, historische Personen gegründet.

Dazu berufen sich katholische Christen auf die Szene, die sich in Cäsarea Philippi abgespielt hat: Jesus fragt Seine Jünger, für wen sie Ihn halten. Es kommt zu einer Diskussion in der dann Petrus sagt: *„Du bist der Messias, der Sohn des lebendigen Gottes! Jesus sagte zu ihm: Selig bist du, Simon Barjona; denn nicht Fleisch und Blut haben dir das offenbart, sondern mein Vater im Himmel. Ich aber sage dir: Du bist Petrus (das heißt griechisch Fels) und auf diesen Felsen werde ich meine Kirche bauen und die Mächte der Unterwelt werden sie nicht überwältigen. Ich werde dir die Schlüssel des Himmelreichs geben; was du auf Erden binden wirst, das wird auch im Himmel gebunden sein, und was du auf Erden lösen wirst, das wird auch im Himmel gelöst sein". (Mt 16,16–19).*

Katholische Christen sind überzeugt: Wenn Jesus sagt: *„Du bist der Fels und auf diesen Felsen werde ich meine Kirche bauen"*, dann meint er das auch so. Die protestantische Tradition sagt hingegen, dass der Felsen, auf den Jesus Seine Kirche baue, das Bekenntnis sei, das Petrus hier ablegte und nicht die Person des Petrus.[18]

Nach der katholischen Sicht beginnt die Kirche mit Petrus und den Zwölf Aposteln. Diese Zwölf hatten Nachfolger, denen die Leitung und die Vollmacht der Kirche übertragen worden sind. Man nennt dies „Apostolische Sukzession" (apostolische Nachfolge). Zu dieser apostolischen Nachfolge gibt es bereits ein biblisches Beispiel in der Apostelgeschichte: Matthias wird zum Nachfolger von Judas mitten in den

---

18 Dass Jesus Petrus als Person meint, darauf scheint die alttestamentliche Stelle hinzuweisen, auf die hier Jesus Bezug nimmt: *„Ich übergebe ihm dein Amt und er wird für die Einwohner Jerusalems und für das Haus Juda ein Vater sein. Ich lege ihm den Schlüssel des Hauses David auf die Schulter. Wenn er öffnet, kann niemand schließen; wenn er schließt, kann niemand öffnen." (Jes 22,21)*

Kreis der Apostel geholt, um dessen *„Dienst und ... Apostelamt zu übernehmen.“ (Apg 1,25).* Manche protestantischen Theologen sagen, das sei nur geschehen, weil die Zwölf-Zahl für die Zwölf Stämme Israels wieder hergestellt werden musste.

Doch Tatsache ist: Die apostolische Nachfolge ist in der Urkirche weiter gegangen. So konnte Irenäus von Lyon (130–202) im 2. Jahrhundert aufzählen, wer die Nachfolger des Bischofs von Rom seit der Zeit von Petrus waren.[19] Polykarp von Smyrna (69–155) sagt, dass derjenige, der ihn ins Christsein eingeführt (trainiert) habe, von Johannes dem Evangelisten persönlich ausgebildet worden sei. Die Christen lebten damals im Bewusstsein der apostolischen Nachfolge. Aus diesem Bewusstsein heraus entwickelt sich auch die besondere Stellung des Bischofs von Rom, den wir Papst nennen.

Zur „Entstehung und Bedeutung des Papsttums” befinden sich im Anhang S. 138 ausführlichere Aspekte.

Ein weiterer Aspekt betrifft die Frage der Offenbarung: Paulus sagt: *„Denn in ihm allein wohnt wirklich die ganze Fülle Gottes“ (Kol 2,9).* Jesus Christus als Fülle der Offenbarung Gottes bedeutet, dass es keine neue Offenbarung mehr geben wird als die, die uns in Jesus Christus geschenkt wurde. Die Offenbarung ist zwar mit Ihm abgeschlossen, aber sie ist noch nicht voll entfaltet, wie Jesus sagt: *„Noch vieles habe ich euch zu sagen, aber ihr könnt es jetzt nicht tragen. Wenn aber jener kommt, der Geist der Wahrheit, wird er euch in die ganze Wahrheit führen.“ (Joh 16,12–13)* So steht zu vielen theologischen Lehrfragen und bedeutsamen Fragen der christlichen Lebenspraxis nichts in der Bibel. Das hat der Heilige Geist den Christen erst nach und nach gezeigt. Wer katholischen Christen sagt: Zeigt mir, wo das mit Maria und der

---

19 Der heilige Irenäus von Lyon ist um 200 n. Chr. den Märtyrertod in Lyon gestorben. Er stammte aus Kleinasien und hatte noch den heiligen Polykarp gekannt, der wiederum noch den Apostel Johannes gekannt hatte. Dieser Irenäus schrieb gegen Ende des 2. Jahrhunderts, er könnte für viele der Kirchen noch genau angeben, wie die Nachfolger der Apostel geheissen haben. Einer nach dem anderen. Er tat es wenigstens für eine Kirche, nämlich für die von Rom. Da heisst es: Als die seligen Apostel die Kirche in Rom gegründet und erbaut hatten, legten sie dem Linus das Amt des Bischofs zur Leitung der Kirche in die Hände. Das ist derselbe Linus, den Paulus in seinem Brief an Timotheus erwähnt. Sein Nachfolger war Kletus oder Anakletus. Auf diesen folgte Klemens, dann Evaristus, auf Evaristus, Alexander, dann war Sixtus im Amt. Nach ihm Telesphorus, der auch ein sehr ruhmvolles Martyrium erlitt. Dann Hyginus, dann Pius I., nach diesem Anicet, nach Anicet folgte Soter und derzeit, schreibt der heilige Irenäus, hat an zwölfter Stelle nach den Aposteln Eleutherius das Bischofsamt inne. Er sagt, so könnte ich es für viele andere Kirchen auch nennen. Das ist die Ordnung der Sukzession (Nachfolge) in der die Überlieferung in der Kirche, die von den Aposteln her kommt und durch diese, zu uns gekommen ist.

Marienverehrung in der Bibel steht?“ Kann als Antwort hören: „Es muss nicht in der Bibel stehen. Der Heilige Geist hat uns dies nach und nach gezeigt.“

Es gibt nicht nur Bibel und Menschen. Es gibt Autorität, die der Herr bestimmten Menschen anvertraut: *„Als Diener Christi soll man uns betrachten und als Verwalter von Geheimnissen Gottes.“ (1 Kor 4,1).* Hier steht nichts davon, dass diese Geheimnisse Gottes alle schon in der Schrift stehen. Offensichtlich werden diese Geheimnisse auch von Menschen verwaltet. Man könnte sagen, dies gelte nur für die Zeit, in der noch an der Bibel geschrieben wurde. Doch das ist nur eine mögliche Sichtweise.

Wir können sagen: Während die Schrift unverrückbar feststeht, hört Christus nicht auf mit Seiner Braut zu reden. (vgl. KKK 79) Dieses fortdauernde Gespräch (eine Art von Tradition), legt die Schrift immer neu aus und lässt sie tiefer verstehen. Deshalb kann solch geoffenbarte Tradition wohl über die Schrift hinausgehen, sie kann ihr jedoch nicht widersprechen.

Die katholische Sichtweise von Kirche kann mit einem Samen verglichen werden: Kirche entsteht nicht neu, wenn wir uns versammeln, sondern die Kirche besteht seit dem Letzten Abendmahl und Pfingsten. Da wurde der Same Kirche in den Boden gesät. Er bildet Wurzeln und es wächst aus dem Samen ein Baum empor. Seither wächst und entfaltet sich der Baum. So ist nach der katholischen Denkweise von Anfang an (im Samen des Baumes) schon die ganze Lebensessenz im Baum drin, doch diese wird erst nach und nach durch das Wachstum des Baumes sichtbar.

Zusammenschau: Aus evangelisch-freikirchlicher Sicht entsteht die Kirche von unten, von Menschen, die sich um das Wort Gottes versammeln. Die ganze Kirche besteht aus kleinen Gemeinden und ist unsichtbar. Nach katholischer Sicht ist die Kirche immer schon da und hat in den Nachfolgern der Apostel ein sichtbares Element. Sie entsteht so gewissermassen von oben. Wenn Menschen Christen werden, werden sie in einen bestehenden Organismus integriert.

Zur Reflexion

Evangelisch-freikirchliche Christen können sagen: Das ist eine schöne Theorie, aber in der Praxis ist so viel Wildwuchs am Baum da, dass die wahre Essenz zerstört wurde. Das zeigt die Erfahrung von Martin

Luther. Er wird von der Bibelstelle getroffen: *„Denn im Evangelium wird die Gerechtigkeit offenbart ..., der aus Glauben Gerechte wird leben.“ (Röm 1,17)* Die Rechtfertigung vor Gott geschieht durch Glauben. Dann sieht Martin Luther sich die Kirche an und sagt: Das habe ich nirgends gelehrt bekommen. Folglich: Nur das Wort Gottes hat erneuernde Kraft. Deshalb ist die Fülle im Wort Gottes und in der Urgemeinde schon da. Was dann kam, ist eher Verfall.[20]

Manche protestantischen Theologen sagen: Wer glaubt, dass Zugehörigkeit zu einer Institution, in die man als Kind hinein getauft wurde, zum Heil genüge, ist einer von denen, zu denen Jesus sagt: *„Wer nicht durch die Tür zum Schafstall eingeht....“ (Joh 10,1)* Die Tür ist Jesus Christus. Nur durch eine tatsächliche Bekehrung und den Glauben an Jesus Christus wird ein Mensch gerettet. Das führt zu jenem Fundament, das für alle Freikirchen und alle protestantischen Kirchen bis heute massgebend ist: Das Prinzip „Sola scriptura“.

2.2. Das reformatorische Prinzip des „Sola scriptura“

Martin Luther und die anderen Reformatoren haben drei „Solas“ definiert, dessen Fundament „Sola scriptura“ ist. Was ist damit gemeint?

Wenn ein katholischer Christ einem evangelisch-freikirchlichen Christen erklären will, wie sich beispielsweise das Eucharistieverständnis, der Zölibat usw., in der Kirche entwickelt hat, dann kann er hören: „Wo steht das in der Bibel? Wenn du es mir nicht in der Bibel beweisen kannst, dann gilt es nicht!“ Das ist „Sola scriptura“: Nur was in der Schrift steht, zählt.

„Sola scriptura“ führt zur katholischen Kritik: „Allein die Schrift“ – schön und gut, aber wer hat die Autorität, die Schrift authentisch auszulegen? Dies war schon zu Zeiten der Reformation ein Problem. Luther sagte einmal: „Früher hatten wir nur einen Papst, jetzt will jeder sein eigener sein, am Schluss haben wir ein paar hundert Päpste“. Die Frage nach der authentischen Auslegung der Schrift führt zuerst auf eine noch grundlegendere Frage:

---

[20] Martin Luther und andere Reformatoren lesen weiter und kommen auf *Gal 1,7: „Doch es gibt kein anderes Evangelium, es gibt nur einige Leute, die euch verwirren und die das Evangelium Christi verfälschen wollen. Wer euch ein andres Evangelium verkündigt, als wir euch verkündigt haben, der sei verflucht, auch wenn wir selbst es wären oder ein Engel vom Himmel.“* Ein hartes Wort! Wenn das authentische Evangelium Jesu, und zwar mit der freien Rechtfertigung aus Gnade, nicht gepredigt wird, nützt alles nichts!

Welche Schriften gehören zum Neuen Testament?

Martin Luther hat die klare Erkenntnis von der Rechtfertigung durch Gnade und schreibt eine eigene Bibelübersetzung. Da kommt er ins Nachdenken: Kann der Jakobusbrief wirklich Wort Gottes sein? Denn hier steht, dass Werke wichtig seien: *„Meine Brüder, was nützt es, wenn einer sagt, er habe Glauben, aber es fehlen die Werke? Kann etwa der Glaube ihn retten? … So ist auch der Glaube für sich allein tot, wenn er nicht Werke vorzuweisen hat." (Jak 2,14.17)* Das passte für ihn nicht zusammen. So stellt er den Jakobusbrief in der Bibel ganz nach hinten und bezeichnete ihn als „stroherne Epistel". Doch am Schluss bleibt der Jakobusbrief doch in seiner Bibel drin. Wer hat also die Autorität zu sagen, was in die Bibel gehört?

Im 19. Jahrhundert sagte Joseph Smith (1805–1844), dass ihm ein Engel erschienen sei und als Folge davon habe er das Buch Mormon geschrieben. Er gründete die Mormonen und die Schrift „Mormon" ist Teil ihrer Bibel.

Der „Da Vinci Code" ist das meistgelesene theologische Buch der letzten 100 Jahre. Das Buch zielt genau in diese Frage: Es gab viele gnostische Evangelien (gegen 200), die sagen, dass Jesus nicht wahrer Gott und auch nicht auferstanden sei. Im „Da Vinci Code" wird auf Inhalte des apokryphen und gnostischen Philippus- und Thomas-Evangelium Bezug genommen. Selbst im Buch wird einmal die Frage gestellt: Kraft welcher Autorität haben die Christen entschieden, dass dieses Evangelium zur Bibel gehört und jenes nicht? Wiederum die Frage: Wer hat entschieden, dass genau diese Bücher und Schriften zur Bibel gehören und jene nicht?

Der Reformator Calvin sagt: Die Heilige Schrift hat eine Kraft der Selbstevidenz. Die biblischen Bücher, die authentisch inspiriert sind haben die Kraft, diejenigen, die sie erfüllt vom Heiligen Geist lesen, davon zu überzeugen, dass sie inspiriert sind. Es braucht keine äussere Autorität, die besagt, dass dieses Buch zur Heiligen Schrift gehöre.

Doch wer ist das Gegenüber, das diese Selbstevidenz erkennt und als solche benennt? Ist das jeder Einzelne oder muss es eine besondere Gruppe von Leuten sein? Wir Christen glauben z. B. nicht, dass das Buch Mormon zur Heiligen Schrift gehört. Doch wenn wir Joseph Smith fragen würden: „Was sagt dein inneres Zeugnis des Geistes?", dann würde er antworten: Das Buch Mormon gehört klar dazu.

Ein Blick in die Geschichte der Kirche zeigt, dass um diese Frage vor allem in Bezug auf das Neue Testament längere Zeit gerungen wurde. Dabei waren vier Kriterien massgebend:

1. Die Inspiration (Geist der Schrift): Dies hat Calvin die Selbstevidenz genannt. Es war die Frage: Welcher Geist spricht aus diesen Schriften? Ist es derselbe Geist, den wir durch Umkehr, Taufe, Handauflegung und die Eucharistie empfangen haben? Und – nährt die Schrift diesen Geist in unseren Herzen und Gemeinden? Wenn ja, dann war dies das Zeichen, dass diese Schrift vom Heiligen Geist inspiriert ist.

2. Rechtgläubigkeit (Inhalt): Damit verbunden war das Kriterium des Inhaltes. Was einem Menschen wichtig ist, dafür steht er ein. Das betrifft in besonderer Weise auch die Glaubenslehre. Alle Apostel (ausser Johannes) sowie unzählige andere Bekenner, haben für die Wahrheit dieses Glaubens ihr Leben als Märtyrer hingegeben. Sie standen mit ihrer ganzen Existenz für diesen Glauben ein. Deshalb die Prüfung des Glaubensinhalts: Erkennen wir als Gemeinde in dieser Schrift den Glauben, den die Apostel und ihre Gesandten uns verkündet und für den sie ihr Leben hingegeben haben? Oder sind da, wie in den apokryphen und gnostischen Evangelien, befremdliche Geschichten über Jesus und die Lehre drin?

3. Apostolizität (Person) des Autors: Dazu kommt noch ein weiteres Kriterium: Weil der christliche Glaube auf dem Fundament der Apostel beruht, muss die Schrift auf einen Apostel zurückgeführt werden können. Nun war es damals üblich, unter einem Pseudonym zu schreiben. Man wählte den Namen einer bekannten Persönlichkeit, um der Schrift dadurch mehr Autorität zu verleihen. Damit wurde auch zum Ausdruck gebracht, im Sinn und Geist dieser Person zu schreiben. Deshalb war nicht nur der Name wichtig, sondern ebenso die Frage: Kann die Schrift auf die Autorität eines Apostels zurückgeführt werden?

4. Die Katholizität – Universalität (Verbreitung): Als christliche Kirche oder Gemeinde vor Ort gehören wir zu einer überregionalen, ja universalen Glaubensgemeinschaft. Einzelne Personen oder Gemeinden können sich in der Unterscheidung des Geistes täuschen, die ganze Gemeinschaft nicht. Darum die Frage: Wird diese Schrift auch in den anderen – ja in allen Gemeinden: in Rom, Mailand, Lyon, Alexandrien, Ephesus, ... im Gottesdienst vorgelesen? Sind diese Schriften in der ganzen Christenheit verbreitet und als inspiriert anerkannt?

Wir sind uns meist nicht bewusst, dass es ein langer Weg war, bis die frühe Kirche zur Entscheidung kam, dass genau diese 27 Bücher zum Neuen Testament gehören. Das erste vollständige Verzeichnis der 27 Bücher des Neuen Testamentes geht auf das Jahr 367 zurück. Athanasius (298–373), der Bischof von Alexandrien, hat sie in seinem Osterbrief genannt. Dann dauerte es noch 15 Jahre bis die Bischöfe bei der römischen Synode um 382 diese 27 neutestamentlichen Schriften als für die Kirche verbindlich erklärten. Alle Synoden und Konzilien haben bis heute diesen Entscheid bestätigt, auch sämtliche Reformatoren.

Zur Reflexion

Was war zuerst: Die Tradition oder die Bibel? Die Antwort ist klar: Die Festlegung des Neuen Testamentes ist die Frucht der lebendigen Tradition der Kirche. Die Kirche, resp. die Bischöfe als Leiter der Kirche, welche die Verantwortung für die rechte Lehre innehaben, haben den Kanon der Bibel festgelegt und entschieden, welche Schriften auf den Glauben der Apostel zurückgehen und deshalb in der Kirche Gültigkeit haben.

Nach katholischem Verständnis gilt dies nicht nur für diese Entscheidung, sondern auch für die früheren und nachfolgenden Entscheidungen bei Konzilien. Die Bischöfe und das Lehramt der Kirche sind auch weiterhin für die richtige Interpretation der Bibel zuständig.

Unterschiede im Alten Testament

Wenn katholische Christen und evangelisch-freikirchliche Christen miteinander die Bibel lesen können sie auf einmal überrascht sein, dass das Alte Testament nicht identisch ist. Wie kommt es dazu?

Die Bücher des Alten Testamentes sind weitgehend in hebräisch-aramäischer Sprache verfasst. Durch das Exil in Babylon (597–539 v. Chr.) zerstreute sich der Rest des Volkes Israel, die Juden, in verschiedene Länder und Städte. Die Rückkehr aus dem Exil konnte diese Entwicklung nicht aufhalten. In der Folge wurde Griechisch die Weltsprache. Deshalb sind die Schriften nach ca. 400 v. Chr. weitgehend, übrigens auch das Neue Testament, in Griechisch geschrieben.

Eine Gruppe von Gelehrten hat 250 v. Chr. in Alexandria begonnen die hebräisch-aramäische Bibel in die damalige altgriechische Alltagssprache zu übersetzen. Die letzten Bücher waren ca. 100 n. Chr. übersetzt. Diese Übersetzung wird Septuaginta genannt, weil nach eine Legende 70 Gelehrte daran arbeiteten (70 heisst lateinisch: Septuaginta).

Die Zerstörung des Tempels in Jerusalem im Jahr 70 n. Chr. war ein riesiger Schock für die Juden. Ohne Tempel und ohne eigenes Land mussten sie sich neu orientieren. Da wurde die Bibel als Grundlage für alle Richtungen des Judentums zentral wichtig. Da sich gleichzeitig auch die Christen auf die jüdischen heiligen Schriften berufen, legen die Rabbiner um das Jahr 100 endgültig fest, dass nur hebräisch abgefasste Schriften zum jüdischen Bibelkanon gehören und damit inspiriert und verbindlich sind. Alle weiteren, vor allem die griechisch geschriebenen Bücher nach 400 v. Chr. , auch solche, die bereits in die Septuaginta aufgenommen worden waren, sind deuterokanonisch, zweitrangig, das heisst lesenswert, jedoch nicht inspiriert.

Die Kirche hat von Anfang an die Septuaginta übernommen. Paulus und Petrus und sämtliche Kirchenväter haben überwiegend die Septuaginta zitiert. Auch deshalb, weil sich das Christentum in der griechisch sprechenden Welt ausgebreitet hat. Der grösste Teil der Gemeinden im ersten Jahrtausend hielt sich daran in der Überzeugung: Was für die Apostel richtig war, gilt auch für uns.

Grundsätzliche Einwände gegen das Alte Testament kamen von Markion (85 - 160). Er ist der erste Theologe, der zwischen dem guten Gott der Liebe des Neuen Testamentes, wie Er von Jesus verkündigt wurde, und dem bösen Gott des Alten Testamentes, der für Schöpfung, Gesetz und Gericht verantwortlich sei, unterschied. Infolgedessen weist Markion das gesamte Alte Testament zurück und will es aus der Kirche herausnehmen. Doch die Verantwortlichen der Kirche sagen nein: In unseren Gemeinden ist das Alte Testament anerkannt und es stimmt mit der Überlieferung, die wir von den Aposteln empfangen haben, überein. Das Alte Testament gehört zu uns.

Der grosse Bibelgelehrte und Kirchenvater Hieronymus (347–420), von dem die Aussage stammt: «Die Bibel nicht kennen heisst Christus nicht kennen», legt einen neuen Akzent. Er übersetzt die ganze Bibel ins Lateinische. Diese Übersetzung wird Vulgata (lat. Vulgata – *im Volk verbreitet)* genannt und ist seit mehr als 1000 Jahren die in der lateinischen Kirche verbindliche Bibelübersetzung.

Hieronymus greift dabei auf den jüdischen Kanon zurück und bezeichnet die nicht im hebräischen Kanon der Juden befindlichen Schriften als ausserkanonisch. Diese (deuterokanonischen) Schriften, die durchaus „zur Erbauung des Volkes“ gelesen werden können, und auch in die Vulgata aufgenommen worden sind, bezeichnet er auch als „apokryph“. Ein Begriff, der jedoch nach dem Kirchenvater Athanasius (298 –373) nur für die als häretisch angesehenen Bücher gilt.[21]

---

21 Apokryphen (auch apokryphe Schriften) sind Texte, die nicht in den biblischen Kanon aufgenommen wurden. Anfangs bedeutet „apokryph“ nicht nur „ausserkanonisch“, sondern zugleich auch „häretisch“. Wenn wir heute von „apokryphen Schriften“ lesen, gilt es genau hinzuschauen, ob damit die deuterokanonischen Schriften wie bei Hieronymus oder die häretischen Bücher wie z. B. das Thomas- oder Philippusevange-

Bei den deuterokanonischen Schriften handelt es sich um Bücher oder Zusätze zu Büchern, die in den letzten beiden Jahrhunderten v. Chr., entstanden sind. Daher werden sie manchmal als „Spätschriften des Alten Testaments“ bezeichnet. Sie bieten uns wertvolle Einblicke in die Zeit vor dem Kommen Jesu. Im Einzelnen handelt es sich um: Judit, Tobit, Baruch, Jesus Sirach, Weisheit Salomos, 1.und 2. Makkabäer sowie Zusätze zum Buch Daniel und zum Buch Ester.

Martin Luther und die anderen Reformatoren haben sich Hieronymus angeschlossen und nehmen nur Texte, die auf Hebräisch überliefert sind, in die Bibel auf.[22] Mittlerweile hat man jedoch Jesus Sirach in Qumrantexten auch auf Hebräisch gefunden… (!) So entstehen zwei Kanons. Die Kirchen, die aus der Reformation hervorgegangen sind, kennen 66 Schriften. Alle 72 Schriften werden von der katholischen Kirche, der Anglikanischen Kirche und teilweise von der orthodoxen Kirche sowie den altorientalischen Kirchen als integraler Bestandteil der Bibel angesehen und gelten in diesen Kirchen als kanonisch, verbindlich. Grundsätzlich ist der Unterschied nicht so gross. Doch gibt es einige Punkte, die zu unterschiedlichen Ansichten führen. So wird z. B. in den beiden Makkabäerbüchern für Tote gebetet.

2.3. Nicht ausschliesslich biblisch belegbare Themen

Wir haben gesehen, dass die Festlegung, welche Bücher zum Neuen Testament gehören, ein Entscheid der lebendigen Tradition der Kirche war. Es gibt weitere bedeutsame Bereiche, die wir ohne die Tradition der Kirche, allein aus der Bibel, nicht belegen könnten.

Die Dreifaltigkeit

Die Dreifaltigkeit Gottes können wir nicht zwingend allein von der Bibel her beweisen. So gibt es in China eine „Jesus only“-Bewegung, die die Lehre von der Dreifaltigkeit ablehnt. Die Tradition der Kirche, das heisst die ersten Konzilien, kamen zu der Erkenntnis, dass Gott dreifaltig ist.

---

lium gemeint sind. Es gibt einige neutestamentliche Stellen, wo auf „häretische“ Apokryphen Bezug genommen wird, z.B. Hebr. 11, wo die ganzen Martyrien aufgezählt werden. Auch im 2. Petrusbrief werden das Henoch-Buch und andere seltsame Bücher zitiert, die nicht in unserer Bibel enthalten sind.

22 Mittlerweile hat man jedoch Jesus Sirach in Qumrantexten auch auf Hebräisch gefunden… (!) Und der von Luther anerkannte Hebräerbrief nimmt Bezug auf das zweite Makkabäerbuch: *Hebr 11,35* bezieht sich auf *2 Makk 6,18–7,42.* Die Sache ist also nicht so eindeutig.

Christologie – die Lehre über Christus

Ähnlich ist es mit der Erkenntnis, dass Jesus wahrer Gott und wahrer Mensch ist. Das können wir z. B. an der Existenz der Zeugen Jehovas feststellen. Sie haben die gleiche Bibel wie wir und sie kommen wie der Arianismus im 3. Jahrhundert zum Schluss: Jesus ist kein ewiger Gott, sondern von göttlicher Art. Wir alle, ob katholische, evangelische oder freikirchliche Christen, halten uns an den Entscheid des Konzils von Nizäa (325) und glauben, dass Jesus wahrer Mensch und wahrer Gott ist.

Monogamie

„Wo steht in der Bibel, dass man nur eine Frau haben darf?" Nirgends in der Bibel steht, dass Monogamie verbindlich sei. Im Gegenteil! Die Patriarchen hatten oft mehrere Frauen. Jesus sagt an keiner Stelle, dass Monogamie Pflicht sei. Bei Timotheus sagt Paulus, dass ein Bischof *„nur einmal verheiratet"* sein darf *(1 Tim 3,2)*. Das könnte man ja auch so deuten, als wäre es für die anderen möglich mehrfach verheiratet zu sein und somit mehrere Frauen zu haben.

Natürlich kann man den Weg zur Monogamie bereits im Schöpfungsbericht erkennen. Wir glauben, dass Monogamie christlich ist, nicht weil es explizit so in der Bibel steht, sondern weil dies die frühe Kirche (also die Tradition) so erkannt hat.

Abtreibung

Die frühe Kirche hat bereits 90 nach Christus erkannt, dass Abtreibung Mord ist. So heisst es in der Didache[23] , einem der ältesten christlichen Lehrtext, kurz vor 100 n. Chr. geschrieben: „...du sollst nicht ein Kind durch Abtreibung morden, und du sollst das Neugeborene nicht töten"(2,1). Christen kennzeichnen sich also dadurch aus, dass sie ihre Kinder nicht im Mutterleib umbringen und Neugeborene nicht erwürgen.

Es steht zwar in der Schrift: *„Denn du hast mein Inneres geschaffen, mich gewoben im Schoß meiner Mutter" (Ps 139,13)*. Daraus kann man folgern: Wenn der Herr uns schon im Leib der Mutter gewoben hat,

---

[23] Die Didache oder die Zwölfapostellehre, die Doctrina apostolorum, (gr. "didache ton dodeka apostolon") ist die älteste bekannte ausserbiblische Schrift der frühen Christenheit. Sie ist die älteste überlieferte Kirchenordnung mit dem Untertitel: "Lehre des HERRN, für Heidenchristen gegeben durch die zwölf Apostel". Verfasser und Verfassungsort werden nicht darin genannt. In der Forschung wird als Entstehungszeit mehrheitlich die Jahre um 90–100 angegeben.

dann hat doch ein Ungeborenes das gleiche Recht wie erwachsenes Leben! Doch glasklar steht das nicht in der Bibel, hingegen im erwähnten Text der Tradition. So hat es in der ganzen Kirchengeschichte keine nennenswerte Gruppierung von Christen gegeben, die Abtreibung akzeptiert haben.

Paulus: „Die Überlieferung"

Paulus schreibt an die Thessalonicher: *„Haltet euch von jedem Bruder fern, der ein unordentliches Leben führt und sich nicht an die Überlieferung hält, die ihr von uns empfangen habt" (2 Thess 3,6).* Das griechische Wort für „Überlieferung" ist dasselbe Wort wie „Tradition" – „Paradosis". Paulus meint hier eine mündliche Überlieferung. Er hat vieles gelehrt z. B. über die Feier der Gottesdienste, die christliche Lebenspraxis, ... Dinge, die nicht in der Bibel stehen. Paulus sagt, wenn sich Jemand nicht an meine mündliche Tradition hält, dann habt keine Gemeinschaft mehr mit ihm.

Wer sagt „Allein die Schrift" muss annehmen, dass alle diese Überlieferungen von Paulus in den nächsten Jahrzehnten irgendwo in der Bibel aufgeschrieben wurden. Oder er kommt zur Erkenntnis, dass die Kirche ein lebendiger Organismus bleibt, in dem es auch mündlich überlieferte Lehre gibt, die nicht in der Bibel steht.

Katholische Denkweise der Tradition

Zur Zeit des Konzils von Trient (16. Jahrhundert) ging man davon aus, dass es zwei Quellen der Erkenntnis über Gott gebe, nämlich Schrift und Tradition. Seit dem II. Vatikanischen Konzil spricht man davon, dass es nur eine Quelle der Offenbarung gibt: Jesus Christus. Er ist autoritativ und endgültig bezeugtes Wort Gottes. Er ist die gemeinsame Quelle für die Überlieferung der Kirche und die Heilige Schrift. „Die Heilige Überlieferung und die Heilige Schrift sind eng miteinander verbunden und haben aneinander Anteil. Demselben göttlichen Quell entspringend, fließen beide gewissermaßen in eins zusammen und streben demselben Ziel zu" (DV 9). Beide machen in der Kirche das Mysterium Christi gegenwärtig und fruchtbar, der versprochen hat, bei den Seinen zu bleiben *„alle Tage bis zum Ende der Welt" (Mt 28,20)."* (KKK 80)

Dennoch ist und bleibt die Heilige Schrift der Massstab für alles: „In den Heiligen Schriften zusammen mit der Heiligen Überlieferung sah die Kirche immer und sieht sie die höchste Richtschnur ihres Glaubens (...) Wie die christliche Religion selbst, so muss auch jede kirchliche Verkündigung sich von der Heiligen Schrift nähren und sich an ihr orientieren“ (Dogmatische Konstitution über die Göttliche Offenbarung, Nr. 21). Hier zeigt sich, dass „Sola scriptura“ sehr katholisch ist.

Zur Reflexion

Die Bibel allein oder Bibel mit Tradition und Lehramt? Evangelisch-freikirchliche Christen wollen keine Vermischung, kein Christentum mit heidnischem Denken, keine Gnade mit Religion, nicht Jesus mit Konstantin, ... Doch eine so messerscharfe Trennung ist nicht durchführbar.

Das Wort Gottes hat sich immer schon inkarniert in eine bestimmte Sprache, eine bestimmte Kultur, in eine bestimmte Gruppe von Menschen, in eine Kirche. Das ist auch heute noch so. So haben sich, obwohl sich alle evangelisch-freikirchliche Christen allein auf die Schrift (sola scriptura) berufen, doch unterschiedlichste christliche Kirchen und Kulturen gebildet und manchmal auch Lehren, die nicht miteinander vereinbar sind.

2.4. Das katholische Amtsverständnis

Das katholische Amtsverständnis ist der folgenschwerste Punkt. Die katholische Kirche fällt gerade durch ihre Ämter auf: den Papst die Bischöfe, Priester, ... Für evangelisch-freikirchliche Christen ist es schwierig zu verstehen, dass zwei oder drei Christen da wo sie zusammen sind, nicht einfach das Abendmahl feiern können, sondern dass es dazu einen "Mann" braucht, der ehelos und zum Priester geweiht sein muss.

Dahinter steht folgende katholische Denkweise: Wie Gott einen Bund mit Abraham, Isaak und Mose geschlossen hat, genauso hat Gott mit Seiner Kirche einen Bund geschlossen. Ein Bund, eine Familie gründet sich im biblischen Verständnis immer auf die Figur von Patriarchen (von Vaterfiguren), durch die Gott mit der ganzen Familie (Sippschaft, Stamm, dem ganzen Volk) den Bund schliesst. Das können wir biblisch bei den Patriarchen, den zwölf Söhnen Jakobs, die zu den zwölf Stämmen Israels wurden, den Richtern und auch den grossen Königen sehen. Diese Personen sind für ihr Volk „Vater“. Vater heisst auf Griechisch „pappas“ und so ähnlich auch in vielen anderen Sprachen. Von da kommt der Name Papst.

Diese Vaterfiguren (Patriarchen) haben Autorität von Gott. Diese Autorität geht nach der Sicht des katholischen Amtes über Jesus in der

Kirche weiter. Dabei geht es nicht um eine Autorität, die Gott ausklammert, sondern um Ihn zu vergegenwärtigen. Es geht um Autorität in Stellvertretung, ja noch mehr, um Autorität *„an Christi statt"*. Bereits Paulus hat dies für sich in Anspruch genommen: *„Wir sind also Gesandte an Christi statt, und Gott ist es, der durch uns mahnt. Wir bitten an Christi statt: Lasst euch mit Gott versöhnen!" (2 Kor 5,20)*

Das ist das Verständnis vom katholischen Priestertum. Wenn der Priester in der Beichte im Namen Jesu Vergebung zuspricht, dann spricht Christus in ihm: „Ich spreche dich los von deinen Sünden, ..." Ebenso bei der Eucharistiefeier: Jesus Christus, repräsentiert durch den Priester, feiert mit uns das Abendmahl. Wenn der Priester über dem Brot sagt: "Das ist mein Leib", dann wandelt Jesus Christus im Priester dieses Brot in Seinen Leib. Dies ist möglich, weil Jesus Christus dem Priester durch die Weihe Anteil an Seiner Vollmacht und Autorität gegeben hat.

Die evangelisch-freikirchliche Meinung ist: „Im Neuen Bund sind wir alle auf gemeinsamer Augenhöhe. Wir haben alle direkten Zugang zum Vater. " Katholische Christen streiten dies nicht ab. Sie sagen vielmehr: Durch das Amt wird dieser Zugang vergegenwärtigt. So erschafft Gott Mann und Frau und sie bekommen Kinder. Mann und Frau sind als Vater und Mutter die ersten Stellvertreter, die ersten Repräsentanten Gottes für das Kind. Das führt aber nicht in einen Konflikt zu Gott, weil Gott ja die Elternschaft auf Menschen überträgt.

Gottes Bundestreue trotz der Fehler Seiner Diener

Evangelisch-freikirchliche Christen können sagen, diese Ämtertheologie ist ja schön und gut, aber ich kenne katholische Amtsträger, die gar nicht glauben, dass Jesus der menschgewordene Gottes Sohn ist und die in Sünde leben. Was soll also dieses ganze Ämterkonzept?

Im 4. Jahrhundert kam es aufgrund des Donatistenstreites zur theologischen Erkenntnis: Gott wirkt durch das Amt nicht, weil der Amtsträger vorbildlich lebt, sondern weil Jesus Christus treu ist. In den Ämtern geht es nicht darum, wie heilig derjenige ist, der das Amt ausübt, sondern wie heilig derjenige ist, der das Amt gestiftet hat und in ihm wirkt, nämlich Jesus. Das gilt auch für die Wirkung der Sakramente. Wenn Jesus sagt: „Das ist mein Leib, ... mein Blut", dann nicht, weil viele darum gebetet haben und fest daran glauben, sondern weil das Wort Jesu Macht hat und wirkt. Jesu Wort würde sogar durch einen Amtsträger wirken, wenn dieser wegen seiner Untreue in die Hölle käme.

Deshalb gilt nie der Person des Amtsträgers der Respekt, sondern Jesus in ihr. Daran hat sich auch David gehalten. Er traut sich nicht, Saul umzubringen, der von einem Dämon besessen ist, weil Saul nach wie vor *„der Gesalbte des Herrn“ (1 Sam 28,7)* ist. So haben Renaissancepäpste, die zugleich mächtige Fürsten waren, schlimme Sachen gemacht: Sie haben z. B. Christen auf dem Scheiterhaufen verbrannt und waren Ehebrecher. Evangelisch-freikirchliche Christen fragen: „Wie kann so jemand immer noch gültig Papst sein?“ Katholische Christen antworten: „Weil der Herr trotzdem treu ist, denn Gott bleibt Seinem Bund treu, auch wenn Sein Volk von Ihm weg und in die Irre geht.“

Das zeigt Jesus auch in Bezug auf Petrus: Jesus sagt zu ihm: *„Du bist Petrus und auf diesen Felsen werde ich meine Kirche bauen...“ (Mt 16,18).* Kurz darauf liegt Petrus mit einer Aussage so völlig daneben, dass Jesus ihn zurechtweist: *„Weg mit dir, Satan, geh mir aus den Augen!“ (Mt 16,23)* Das zeigt: Jesus hat Simon Petrus nicht deswegen zu Seinem Nachfolger und zum „Chef“ der Kirche gemacht, weil er moralisch untadelig gelebt hätte, sondern weil Er ihn dazu berufen hat. Punkt!

Christliche Ehelosigkeit

Weshalb soll der Priester nicht verheiratet sein, da es doch in der Schrift von Bischöfen, Ältesten und Diakonen heisst, dass sie *„nur einmal verheiratet sein“ (1 Tim 3,1.12; Tit 1,6)* sollen? Die katholische Antwort darauf: Es hat sich nach und nach in der Kirche herauskristallisiert, dass die Amtsträger ehelos sind. Weshalb?

Der Zölibat ist ein eschatologisches Zeichen. „Eschatologisch“ heisst endzeitlich, im Hinblick auf die ewige bräutliche Dimension unseres Lebens und der Kirche. Jesus Christus wird im Neuen Testament oft als Bräutigam bezeichnet, der ganz für Seine Braut, die Kirche, lebt. Bischöfe und Priester haben in ihrem kirchlichen Dienst diesen liebenden Christus darzustellen.

Der Zölibat hat geistlich verstanden den tiefen Sinn: Der Amtsträger ist Abbild Jesu in seinem Ganz-Hingegeben-Sein für die Braut Christi. Das lebt er mit seiner ganzen Existenz und deshalb enthält er sich einer menschlichen Partnerin. Dieses Zeichen gilt auch für Frauen, die *„um des Himmelreiches willen“ (Mt 19,12)* ehelos bleiben. Sie bringen mit ihrem Leben zum Ausdruck, dass sie als Braut Christi verstehen, im letzten ist die Kirche dafür gemacht, von Jesus geheiratet zu werden.

Der Zölibat ist Abbild des Wartens, des Offenbleibens für die grosse Hochzeit, auf die wir alle zugehen. Aber auch die christliche Ehe ist ein Abbild dieser bräutlichen Dimension. Sie will uns als Vorausbild zeigen, auf was wir zugehen, nämlich auf die ewige Hochzeit des Lammes *(vgl. Offb 19,7).*

Im Anhang S. 142 finden sich weitere Gedanken zum Thema: „Die christliche Ehelosigkeit – der Zölibat".

Vieles entwickelt sich in der Kirche weiter

Zum katholischen Amtsverständnis gehört: Vieles kann sich ändern, aber nicht alles. Das vergessen manchmal die Traditionalisten, wenn sie behaupten, dass es immer gleich war. Von Anfang an hat sich das Christentum immer in konkreten kulturellen Ausprägungen gewandelt. Die Frage ist: „Was kann sich ändern und was nicht?" Katholische Christen sagen: „Der Kern, der wesentliche Inhalt des Evangeliums bleibt für immer unveränderbar."

Was sich in den verschiedenen Zeiten und Kulturen ändern kann, sind die äusseren Formen, wie sich das Wort Gottes und das Glaubensgut im konkreten Leben und der konkreten Gesellschaft zeigen. So entwickeln unterschiedliche Kulturen unterschiedliche Gemeinschaftsformen und Gottesdienste mit unterschiedlichen Liedern, Musikstilen und Formen der Anbetung.

Individualistisches Christentum?

In der charismatischen und evangelikalen Welt lebt sehr stark die Vorstellung, dass das Fundament des Christseins die Bekehrung und das Leben mit Jesus in einer persönliche Beziehung mit Ihm ist. Das ist und bleibt grundlegend. Das kann aber entsprechend der heutigen Mentalität, sehr individualistisch gelebt werden. Ich und Jesus, das genügt! Doch solch individualistisches Christentum ist problematisch und nicht biblisch, denn Gott hat ein Volk.

Bekehrung ist in der Bibel immer auch die Eingliederung in das Volk Gottes, in die Kirche, in eine konkrete Gemeinde. Das zeigt bereits der Pfingsttag. Diejenigen, die sich an diesem Tag bekehren, ändern ihr Leben, lassen sich von den Aposteln unterweisen und gliedern sich in eine Gemeinschaft ein: *„Sie hielten an der Lehre der Apostel fest und an der Gemeinschaft, am Brechen des Brotes und an den Gebeten. ... und alle, die gläubig geworden waren, bildeten eine Gemeinschaft und hatten al-*

les gemeinsam. … Tag für Tag verharrten sie einmütig im Tempel, brachen in ihren Häusern das Brot und hielten miteinander Mahl in Freude und Einfalt des Herzens“ (Apg 2,42.44.46).

Zur Reflexion

Im Mittelalter gab es die Theorie (die es heute noch in manchen Freikirchen gibt): Als das Christentum Staatsreligion wurde und dadurch viele heidnische Einflüsse hinein kamen, da habe Jesus gesagt: „Ohne mich, Ich komm in 1000 Jahren noch einmal“. War es so? Hat der Herr der Kirche irgendwann komplett die Freundschaft gekündigt oder hat Jesus gesagt: „Es entspricht nicht alles meinem Evangelium, aber Ich werde Meinen Weg trotz allem finden?“

Dazu sei vermerkt: Es stimmt nicht, dass die alten Kirchenväter, die Christen, wahllos irgendwelche heidnischen Sachen übernommen hätten. Sie hatten ein sehr hohes Niveau von theologischer Reflexion. Sie waren der Meinung, das Gute an römischer und griechischer Kultur und Philosophie können wir annehmen und es mit neuen Inhalten füllen. So feiern wir heute am 25. Dezember die Menschwerdung Gottes, der Geburt Jesu Christi an dem Tag, wo früher der römische Sonnengott gefeiert wurde. So wurde die Architektur von grossen Markthallen „Basiliken“ in grosse Kirchengebäude umgewandelt. Dadurch wird die Kirche nicht heidnisch. Dennoch darf man nachfragen, ob alle Entscheidungen weise waren, die in der Folge getroffen wurden.

Evangelisch-freikirchliche Christen können zudem sagen: Das mit den Ämtern, dem Papst, den Priestern, … tönt wunderbar, doch: „Warum gibt es so viele Leute in der Kirche, die noch nie gehört haben, um was es zentral im Evangelium geht?“ Die meisten Leute, die aus der katholischen Kirche austreten und beispielsweise in eine Freikirche gehen, gehen nicht deswegen, weil sie sagen: Das mit der apostolischen Sukzession, das mit dieser Lehraussage macht mir Mühe,… Sie treten viel mehr aus, weil sie sagen, ich höre hier nirgends das Evangelium. Niemand erzählt mir etwas von der persönlichen Beziehung zu Jesus. Ich erfahre so wenig Gemeinschaft, Freude und entschiedenes Christentum.

2.5. Das grosse Aber: Notwendige Reform(ation)?!

Die Reformatoren treten auch nicht mit dem Anspruch an, dies alles widerlegen zu wollen. Doch sie stellen Dinge fest, die so nicht sein dürften.[24] Schauen wir einige Kritikpunkte an:

Jesus war Traditionskritiker

In der Auseinandersetzung mit den Pharisäern und Schriftgelehrten sagt Jesus: *„Der Prophet Jesaja hatte Recht mit dem, was er über euch Heuchler sagte: Dieses Volk ehrt mich mit den Lippen, sein Herz aber ist weit weg von mir. Es ist sinnlos, wie sie mich verehren; was sie lehren, sind Satzungen von Menschen. Ihr gebt Gottes Gebot preis und haltet euch an die Überlieferung der Menschen. Und weiter sagte Jesus: Sehr geschickt setzt ihr Gottes Gebot außer Kraft und haltet euch an eure eigene Überlieferung." (Mk 7,6–9)*

Jesus ist Traditionskritiker. Er betont das Herz und Gottes Gebot. Das Argument: „Es war schon immer so", zählt bei Ihm nicht. Jesus ruft Menschen klar und eindeutig zurück zum Wort Gottes. Wir müssen das ernst nehmen.

Tote Tradition

Die Schrift zeigt bereits die Möglichkeit auf, dass man einerseits fromm ist und die Sachen richtig macht, aber es ist keine Kraft da: Tote Religion. Jesus sagt: *„Die Worte, die ich zu euch gesprochen habe, sind Geist und sind Leben" (Joh 6,63).* Paulus schreibt: Das Evangelium ist *„eine Kraft Gottes, die jeden rettet, der glaubt." (Röm 1,16).* Und im zweiten Timotheusbrief: *„Den Schein der Frömmigkeit werden sie wahren, doch die Kraft der Frömmigkeit werden sie verleugnen" (2 Tim 3,5).*

Wir können alle richtigen Lehren haben und doch fehlt Entscheidendes. Katholische Gläubige wurden in der Vergangenheit darauf getrimmt, auf Rechtgläubigkeit zu schauen. Ist es theologisch sauber? Doch, wenn keine Kraft da ist, die ausstrahlt und belebt, ist dies dann noch das wahre Christentum?

Die römisch-katholische Kirche versteht sich als die Kirche, in der die ganze Fülle der Heilsmittel Jesu Christi verwirklicht ist (vgl. Dogmatische Konstitution über die Kirche, Nr. 10). Wie kann es dann aber

---

[24] Konkret sagt Luther z. B.: Wenn das alles stimmt, warum habt ihr im Konzil von Florenz erst vor ein paar Jahrzehnten den Jan Hus auf dem Scheiterhaufen verbrannt, der nur das Wort Gottes verkündet hat?

sein, dass Gott auf so machtvolle und gewaltige Weise nichtkatholische Gläubige für Sein Reich gebraucht? Wer die Kirchengeschichte, und darin besonders die Geschichte der Erweckungen liest, stösst auf Erweckungsprediger aus dem 18. und 19. Jahrhundert, durch die Hunderttausende ihr Leben geändert haben. Katholische Gläubige müssen sich die Frage stellen: Obwohl wir alle richtigen Lehren haben, fehlt da nicht Entscheidendes?

Fehlender Ruf zur Umkehr

Das Herzstück des Christseins ist die Umkehr, wie Jesus zu Beginn programmatisch verkündet: *„Die Zeit ist erfullt, das Reich Gottes ist nahe. Kehrt um, und glaubt an das Evangelium!" (Mk 1,15)* Nun können aber seit der Zeit der Volkskirche ab dem 4. Jahrhundert Menschen die Sakramente empfangen, ohne dass sie Jesus persönlich kennen gelernt haben und sich in einem bewussten Umkehrschritt für Ihn entschieden haben. Das ist bis heute weitgehend in der katholischen Kirche immer noch so.

Zugleich können wir einerseits sehen, dass die Glaubenskraft in der katholischen Kirche immer mehr schwindet und zugleich, dass die evangelikalen Gemeinden und die Pfingstgemeinden weltweit mit Abstand die am schnellsten wachsenden Gemeinden sind. Katholische Gläubige müssen sich fragen: Haben wir, hat die katholische Kirche den radikalen Ruf der Reformation wirklich gehört, dass wir allein durch die Gnade Jesu und unseren Glauben an Jesus gerettet werden?

„Häresie der falschen Betonung"

Wenn man die Zustände der Kirche betrachtet, so kann einem der provokante Begriff: „Häresie der falschen Betonung" einfallen. Eine Häresie ist eine Irrlehre. In der katholischen Kirche gibt es eine Lehre über die Hierarchie der Wahrheiten.[25]

Das heisst: Es gibt fundamental wichtige Wahrheiten und solche, die weniger wichtig sind. So wissen heute noch viele Katholiken, dass man früher am Freitag kein Fleisch essen durfte und dass bei der Wandlung die Glocken läuten, aber sie haben noch nie das Evangelium von Jesus Christus kennen gelernt und sind noch nie zur Entscheidung für Jesus aufgerufen und zu einem Umkehrweg eingeladen worden.

---

[25] Das Zweite Vatikanische Konzil im Dekret über den Ökumenismus, Nr. 11: „Man soll nicht vergessen, dass es eine Rangordnung oder ‚Hierarchie' der Wahrheiten innerhalb der katholischen Lehre gibt, je nach der verschiedenen Art ihres Zusammenhangs mit dem Fundament des christlichen Glaubens."

Das Problem der Häresie der falschen Betonungen meint, dass wir das Drittwichtigste, das Viertwichtigste und das Achtzehntwichtigste betonen. Es ist schön, einen Adventskranz (ein Adventsgesteck) oder eine Osterkerze zu haben. Es ist schön, eine stimmige Weihnachtsfeier oder eine kindergerechte Erstkommunionfeier zu erleben. Doch was bringt das für Zeit und Ewigkeit, wenn jemand Jesus nicht kennen lernt und Ihn nicht als seinen Erlöser annimmt?

Tradition kann sich verlaufen. Katholische Gläubige sind der Überzeugung, dass der Baum der Kirche nicht komplett falsch wachsen kann. Dennoch muss dann und wann ein Zweig zurechtgestutzt oder abgeschnitten werden und das Wachstum von neuen Zweigen (vor allem der Kraft des Wortes Gottes) gefördert werden. Schon Augustinus (354-430 n.Chr.) hat gesagt, die Kirche braucht immer eine Reform. Das trifft auf alle Kirchen zu, ganz sicher jedenfalls auf die katholische Kirche. Es wäre schon viel gewonnen, wenn wir sagen könnten, was die wirklich zentralen Punkte des Evangeliums sind. Dann ginge es darum, hier gemeinsam voranzugehen.

Verführung durch Geld und weltliche Macht

Bereits in den 40 Tagen in der Wüste versuchte der Teufel Jesus mit weltlicher Macht zu blenden. So zeigt der Teufel Jesus *„in einem einzigen Augenblick alle Reiche der Erde. Und er sagte zu ihm: All die Macht und Herrlichkeit dieser Reiche will ich dir geben; denn sie sind mir überlassen und ich gebe sie, wem ich will. Wenn du dich vor mir niederwirfst und mich anbetest, wird dir alles gehören.“ (Lk 4,5–7)* Die Möglichkeit der Verführung durch Reichtum, weltliche und geistliche Macht war und ist zu allen Zeiten eine ernst zu nehmende Gefährdung.

Das Problem zeigt sich dann, wenn wir in der katholischen Kirche uns mehr darum kümmern, dass keine Personen austreten und dann auch keine Kirchensteuern mehr bezahlen, als um die Verkündigung des Evangeliums. Dahinter kann auch die Versuchung stehen, die bisherige Form der Kirche so lange wie möglich bewahren zu wollen. Der Gefahr der Verführung durch Macht und Reichtum muss in die Augen geschaut werden. Das Verführungspotential von grosser Macht, von viel Besitz, viel Geld, ist in der katholischen Kirche bei weitem noch nicht radikal genug durchdacht worden. Papst Franziskus ist da für die ganze Kirche eine Wohltat und es ist eine Gnade, wenn die katholische Kirche seinem Ruf zu einer „Armen Kirche für die Armen“ folgt.

2.6. Eine Kirche oder viele Kirchen?

Eigentlich glauben wir beide (katholische und evangelisch-freikirchliche Christen) ein und dieselbe Sache: Wir glauben, dass es im Letzten nur eine Kirche gibt. Denn wir haben nur einen Gründer und ein Haupt, nämlich Jesus Christus. Es gibt nur einen Auferstandenen und so letztlich auch nur einen einzigen Leib, den Leib Christi und auch nur eine Kirche. Das betont der Epheserbrief: *«Ein Leib und ein Geist, wie euch durch eure Berufung auch eine gemeinsame Hoffnung gegeben ist; ein Herr, ein Glaube, eine Taufe» (Eph 4,4–5).* Der springende Punkt ist die unterschiedliche Vorstellung: Luther und Calvin glauben, dass diese eine Kirche unsichtbar sei.

Die Katholische Kirche glaubt, dass die eine Kirche, soweit sie hier auf der Erde ist, auch sichtbar ist. Die Kirche ist eine komplexe Wirklichkeit, die aus sichtbaren und unsichtbaren Elementen, aus Menschlichem und Göttlichem besteht. Sie ist eine irdisch-geschichtliche und übernatürlich-ewige Wirklichkeit. Die Kirche ist keine rein geistliche Wirklichkeit, sondern eine Folge und Weiterführung der Menschwerdung Gottes in Jesus Christus, eine konkrete Realität. Die Kirche ist Sein Leib. In und durch die Kirche ist Jesus Christus im Heiligen Geist (geschichtlich) gegenwärtig in dieser Welt. Er wirkt in ihr und durch sie. Zur sichtbaren Wirklichkeit der Kirche gehören wir Menschen und auch die Leitung der Kirche, die eine Hierarchie hat.[26]

Paulus schreibt an Timotheus: *„Falls ich aber länger ausbleibe, sollst du wissen, wie man sich im Hauswesen Gottes verhalten muss, das heißt in der Kirche des lebendigen Gottes, die die Säule und das Fundament der Wahrheit ist.“ (1 Tim 3,15)* Hier ist die Kirche eine konkrete Realität. Sie garantiert die göttliche Wahrheit.

Vom Anfang an, das heisst ab dem zweiten Jahrhundert wird diese Kirche katholisch genannt. Hier ist gleich ein mögliches Missverständnis zu klären: Wenn wir jemanden fragen: Bist du katholisch? Dann meinen wir meistens römisch-katholisch. Doch ursprünglich und im Apostolischen Glaubensbekenntnis meint katholisch nicht römisch-

---

26 Der Ausdruck „Hierarchie“ kommt aus dem Griechischen und bedeutet erstens *heilige Herrschaft*. Das heisst: Die Hierarchie soll Gottes Herrschaft repräsentieren. Die noch ursprünglichere Bedeutung von Hierarchie heisst *heiliger Ursprung*. Demnach ist es die Aufgabe der Hierarchie, mit dem heiligen Ursprung – Jesus Christus – verbunden zu sein und zu garantieren, dass auch die Menschen von heute mit diesem heiligen Ursprung in Kontakt kommen und mit Ihm in Beziehung leben können. Die Hierarchie hat die Aufgabe, diesen heiligen Ursprung heute zu repräsentieren. Der Hierarchie kommt die Aufgabe zu, Brückenbauer (lat. pontifex) von Jesus Christus zu den Menschen von heute zu sein.

katholisch, denn damals gab es noch gar keine verschiedenen Kirchen oder Konfessionen. Mit katholisch sind hier schlicht alle Getauften gemeint. Wenn heute in den Kirchen der Reformation bekennend das Apostolische Glaubensbekenntnis gebetet wird, ersetzen sie meist das Wort katholisch und beten statt die *katholische* Kirche die *christliche* oder die *allgemeine* Kirche. Doch inhaltlich ist dasselbe gemeint.

Im katholischen Kirchenrecht steht, dass jeder, der auf den Namen Jesu Christi getauft ist, Teil dieser einen Kirche ist. Das zweite Vatikanische Konzil erklärt, dass die anderen Christen „durch den Glauben in der Taufe gerechtfertigt und Christus eingegliedert sind, darum gebührt ihnen der Ehrenname des Christen, und mit Recht werden sie von den Söhnen der katholischen Kirche als Brüder im Herrn anerkannt" (Dekret über den Ökumenismus Nr. 3). Alle Getauften sind also Geschwister im Herrn. Im Herrn ist die Einheit da.

Darin besteht ein grundlegender Schritt: Wir nehmen uns gegenseitig als Geschwister an. Wir schätzen und lieben uns als Geschwister, die ja in unseren leiblichen Familien manchmal auch ganz unterschiedlich sein können. Wir freuen uns, dennoch zueinander zu gehören.

Wie wir in der eigenen Familie als Geschwister uns innerlich näher und ferner sein können, so auch im Leib Christi, der Kirche. Wir können uns in der Lehre, im Amtsverständnis, in der Liturgie, in der Struktur und in vielem mehr unterscheiden. So gibt es, nach der Sichtweise der katholischen Kirche, unterschiedliche Bande der Einheit und unterschiedliche strukturelle Zugehörigkeiten.[27]

Doch grundlegender als die unterschiedliche strukturelle Nähe der einzelnen Kirchen ist die Einheit durch die Taufe. Durch sie gehören alle zur Kirche. Auf der persönlichen Ebene ist der gelebte Glaube entscheidend. Hier gilt das Wort von Augustinus, der sagt, dass es Gläu-

---

[27] Erstens: Das Band des Glaubens durch das *gemeinsame Glaubensbekenntnis*: Dieses Band zeigt sich im gemeinsamen Bezeugen des Glaubens. Die grosse Schar der Märtyrer aller Kirchen sind leuchtende Zeichen dieses Bandes.
Zweitens: Das Band der *Sakramente*, des Gottesdienstes. Hier ist besonders das Band der einen Taufe und der Eucharistie zu nennen. Während die Taufe alle umfasst, gehört zur gültigen Eucharistie auch die Sukzession der Ämter.
Drittens: Das Band kirchlicher Gemeinschaft in der *apostolischen Nachfolge*. Das heisst die Einheit in der hierarchischen Gemeinschaft durch Bischof und Papst. Diese drei Bande machen die ganze Fülle des Katholischseins aus. Die katholische Kirche versteht sich von da her als die Kirche, in der die ganze Fülle Jesu Christi verwirklicht ist (vgl. Dogmatische Konstitution über die Kirchen, Nr. 10).
Im Dokument "Dominus Jesus" vom 6. August 2000 der römischen Kongregation für die Glaubenslehre bezeichnet der damalige Präfekt der Glaubenskongregation Kardinal Ratzinger diese strukturelle Nähe mit den theologischen Begriffen von „echten Teilkirchen" und „kirchliche Gemeinschaften", was zu vielen Missverständnissen führte.

bige gibt, die zwar „strukturell" zur katholischen Kirche gehören und dennoch draussen sind und solche, die „strukturell" draussen sind, in Wahrheit aber drinnen sind – also zur Kirche gehören. Mit anderen Worten: Entscheidend ist der persönlich gelebte Glaube, das ausstrahlende Feuer, die Zeugenschaft, die persönliche Heiligkeit.

Könnten wir nicht als Geschwister im Herrn die Schätze miteinander teilen, voneinander lernen und empfangen? Wie Geschwister nicht alles genau gleich sehen müssen, so bedeutet Einheit nicht unbedingt Einförmigkeit in allen Punkten. Es gibt eine mögliche Vielfalt, beispielsweise gibt es verschiedene Kirchen, die mit Rom uniert sind aber eigene Riten haben. So etwa bei den Maroniten im Libanon, wo die Priester heiraten.

Zur Reflexion

Was gibt Hoffnung für die Zukunft? Sowohl Katholiken als auch Evangelisch-freikirchliche Christen müssen von ihrem Unwissen und ihrer Arroganz gegen den Anderen befreit werden. Eine katholische Kirche, die das Evangelium ganz neu ernst nimmt, sich radikal hinterfragen lässt und sich aus volkskirchlichen Strukturen heraus bekehren lässt und Evangelisch-freikirchliche Christen, die über den Wert des Amtes und der Tradition neu nachdenken, hätten sich Bedeutsames zu sagen.

Die Hoffnung besteht nicht darin, dass evangelisch-freikirchliche Christen alle katholischen Christen (oder umgekehrt) überzeugen und alle einfach genau gleich werden und in diese oder jene Kirche eintreten.

Wir dürfen die Gewissheit haben, dass der Herr Sein Volk, Seine Familie einen will, denn der Herr ist monogam. Er hat nur eine Braut und nicht mehrere Bräute und über die hat Er die höchsten und wertschätzendsten Worte. Der Herr ist ein guter Kommunikator. Er kann gut sprechen. Er weiss, wie Er verstanden wird und wir dürfen uns auf alles freuen, wie Er uns weiterführen wird.

3. Teil: Die Zeichen des Bundes

Gott ist von Anfang an auf Menschen zugegangen. Er sucht eine Beziehung der Liebe. Liebe zwischen Personen ist an und für sich unsichtbar. Sichtbar wird sie in Geschenken. So zeigt sich Gottes Liebe zu uns in den Gaben der Schöpfung. Sichtbar wird die Liebe jedoch vor allem in persönlichen Worten, Gesten und Handlungen.

Gott ist noch einen Schritt weiter gegangen. Er erwählt ein Volk: *„Dich hat der Herr, dein Gott, ausgewählt, damit du unter allen Völkern, die auf der Erde leben, das Volk wirst, das ihm persönlich gehört“ (5 Mos/Dtn 7,6).* Diesem Volk will Er Seine Treue und Liebe zeigen. Er will Seinem Volk Gewissheit über Seine Liebe und Treue schenken. Deshalb hat Er mit den Menschen einen Bund geschlossen.

3.1. Zeichen des Bundes

Immer, wenn Gott einen Bund mit Seinem Volk schliesst, gibt es sichtbare Zeichen. Das Zeichen von Noahs Bund ist der Regenbogen: *„Gott sprach: Das ist das Zeichen des Bundes, den ich stifte zwischen mir und euch und den lebendigen Wesen bei euch für alle kommenden Generationen: Meinen Bogen setze ich in die Wolken; er soll das Bundeszeichen sein zwischen mir und der Erde. ... Das ist das Zeichen des Bundes, den ich zwischen mir und allen Wesen aus Fleisch auf der Erde geschlossen habe“ (1 Mos/Gen 1,12.13.17).*

Zeichen und Opfer

Nach Noah schliesst Gott einen Bund mit Abram in folgender Weise: *„Nach diesen Ereignissen erging das Wort des Herrn in einer Vision an Abram: Fürchte dich nicht, Abram, ich bin dein Schild; dein Lohn wird sehr groß sein. ... Der Herr antwortete ihm: Hol mir ein dreijähriges Rind, eine dreijährige Ziege, einen dreijährigen Widder, eine Turteltaube und eine Haustaube! Abram brachte ihm alle diese Tiere, zerteilte sie und legte je eine Hälfte der andern gegenüber; die Vögel aber zerteilte er nicht“ 1 Mos/Gen 15,1.9–10).* Dann schläft Abram ein. Als er aufwacht, waren auf einmal *„ein rauchender Ofen und eine lodernde Fackel da; sie fuhren zwischen jenen Fleischstücken hindurch“ (1 Mos/Gen 15,17).*

Was ist der Sinn dieses eigenartigen Geschehens? Im alten vorderen Orient hat man in dieser Weise einen Bund geschlossen: Man nahm ein

Tier und teilte es in zwei Stücke, die man auseinander legte. Dann sind die beiden Bündnispartner zwischen den zerteilten Stücken hindurch gegangen und haben gesagt: „Wenn ich den Bund breche, dann soll mir das Gleiche widerfahren wie diesen Tieren!" Dies sagt hier Gott mit diesem Zeichen! Gott geht eine Selbstverpflichtung ein. Damit sagt Er zu Abram: „Ich stehe voll und ganz zu meinem Wort. Ich bin dein Bundespartner. Auf mich kannst du dich hundertprozentig verlassen."

Der Bund, der hier geschlossen wird, hat auch ein Opfer: Der Tod des dreijährigen Rindes und des dreijährigen Widders. Das vergossene Blut dieser Tiere ist das Zeichen des Bundes. Gott, dargestellt im rauchenden Ofen und der lodernden Fackel, schliesst den Bund, indem Er zwischen den Tieren hindurchgeht. So hat jeder Bund, den Gott mit Seinem Volk schliesst, ein Opfer und ein Zeichen.

Vermittler des Bundes

Ein weiteres Element kommt beim Bundesschluss Gottes mit Seinem Volk am Sinai hinzu: *„Mose ... errichtete am Fuß des Berges einen Altar und zwölf Steinmale für die zwölf Stämme Israels. Er schickte die jungen Männer Israels aus. Sie brachten Brandopfer dar und schlachteten junge Stiere als Heilsopfer für den Herrn. Mose nahm die Hälfte des Blutes und goss es in eine Schüssel, mit der anderen Hälfte besprengte er den Altar.*

Darauf nahm er die Urkunde des Bundes und verlas sie vor dem Volk. Sie antworteten: Alles, was der Herr gesagt hat, wollen wir tun; wir wollen gehorchen. Da nahm Mose das Blut, besprengte damit das Volk und sagte: Das ist das Blut des Bundes, den der Herr aufgrund all dieser Worte mit euch geschlossen hat" (2 Mos/Ex 24,4–8). Das Neue hier ist: Mose ist der Vermittler des Bundes. Ihm hat Gott alle Worte des Bundes übermittelt und er steht zwischen Gott und dem Volk beim Bundeschluss. Nach dem Bundesschluss hat Mose zur Feier und Erneuerung dieses Bundes ein Priestertum eingesetzt. Die Leviten waren die Priester dieses Bundes. Das Opfer des Bundes waren jeweils Tiere.

Das Bundesvolk

Ein Bund ist immer ein Ereignis zwischen Gott und Menschen. Dabei denkt Gott kooperativ, in Familien, in Gemeinschaften und in Nationen. Gott sagt selten einem einzelnen Israeliten, dass Er ihn liebe. Er spricht in der Regel immer zum ganzen Volk. Die Bündnisse Gottes mit uns sind also keine Individualbünde, sondern immer Bündnisse mit einem Volk.

Wir im Westen sind im Allgemeinen sehr individualistisch. Was muss ich tun, damit es mir gut geht? Wo will ich im Leben hin? „Jesus und ich“ hat seine Berechtigung und viel Gutes für sich, aber an manchen Stellen auch blinde Flecken. Wir übersehen dabei häufig, dass der Bund Gottes immer einen sozialen Charakter hat.

Gott schliesst Seinen Bund mit einem Volk. Dabei ist Ihm das ganze Volk wichtig. Denn, wenn es im Volk auch Priester mit einer besonderen Aufgabe gibt, so hat doch das ganze Volk einen priesterlichen Dienst: *„Jetzt aber, wenn ihr auf meine Stimme hört und meinen Bund haltet, werdet ihr unter allen Völkern mein besonderes Eigentum sein. Mir gehört die ganze Erde, ihr aber sollt mir als ein Reich von Priestern und als ein heiliges Volk gehören“ (1 Mos/Gen 19,5–6).*

Der Neue Bund

All die vielen Bünde, die Gott geschlossen oder erneuert hat, zielen auf den grossen, neuen und ewigen Bund hin. Dort ist Jesus die Fülle der Beziehung zwischen Gott und Mensch. In Ihm ist uns alles geschenkt und wird für uns verfügbar. Er ist derjenige, der diese Verbindung zwischen Gott und Mensch herstellt. So ist Jesus der *Mittler* des Neuen Bundes. Jesus ist gleichzeitig das *Opfer*, das ein für alle Mal genügt. Wir müssen keine Tiere mehr schlachten. Jesus ist gleichzeitig der *Priester* des Neuen Bundes.

Auch die Sammlung eines Volkes, das dem Herrn persönlich gehört, ist durch Jesus weitergegangen. Jesus hat Jünger in Seine Nachfolge gerufen und ein Volk um sich geschart. Dieses neue Bundesvolk ist die Kirche. Petrus schreibt: *„Ihr seid ein auserwähltes Geschlecht, eine königliche Priesterschaft, ein heiliger Stamm, ein Volk, das sein besonderes Eigentum wurde, damit ihr die großen Taten dessen verkündet, der euch aus der Finsternis in sein wunderbares Licht gerufen hat.“ (1 Petr 2,9).*

In diesem neuen Bundesvolk hat Jesus die Zwölf Apostel zu einem besonderen Dienst erwählt. Dieser Dienst besteht im Besonderen darin, Jesus als den Auferstandenen in der Realität des Heiligen Geistes gegenwärtig und wirksam werden zu lassen. Das ist der wesentliche Schlüssel zum Verständnis der Sakramente.

3.2. Das Wirken Jesu in den Sakramenten

Jesus hat keine Bücher geschrieben, kein Gebäude oder sonst etwas hinterlassen, sondern Zeichen. Diese Zeichen gibt es aus dem einfachen Grund, weil sie Ihm wichtig sind. Wir als Sein Volk können diese Zeichen, in denen Jesus weiterlebt und weiter wirkt, vollziehen. Diese Zeichen nennen wir Sakramente.

Es gibt zwei Zeichenhandlungen, die direkt auf Jesus zurückgehen und die kein anderer erfunden hat: das Herrenmahl und die Taufe. Beim Herrenmahl (Eucharistie) teilt Jesus Brot und Wein und sagt: „Das ist mein Leib, der für euch hingegeben wird". "Das ist mein Blut, das für euch vergossen wird". Diesen Akt gibt es in dieser Art und Weise weder im Judentum noch in einer anderen Religion. Er geht auf Jesus zurück und ist älter als das Neue Testament.

Ähnliches gilt für die Taufe: Es gibt im Judentum ein Untertauchen ins Wasser und rituelle Waschungen. So hat auch Johannes der Täufer getauft. Doch die einmalige Taufe auf den Namen Jesu und später auf den „Namen des Vaters, des Sohnes und des Heiligen Geistes" geht zurück auf Jesus.

Die Sakramente sind die Fortsetzung dessen, was Jesus auf Erden getan hat. Jesus ist der Priester, das heisst der Spender und der Wirkende bei den Sakramenten. In den Sakramenten gibt Jesus als der Auferstandene im Gewand der Kirche weiter, was Er getan hat. Gleichzeitig nimmt Er uns mit hinein in Sein Wirken.

Die Bedeutung des Begriffes „Sakrament"

Das Wort „Sakrament" stammt vom lateinischen Begriff „sacramentum" – „Heilszeichen, Heilsmittel, Heilsweg, sichtbares Zeichen der verborgenen Heilswirklichkeit" ab. Die lateinische Wurzel „sacer" bedeutet „heilig, unverletzlich". Ein Sakrament ist ein heiliges Zeichen. Der Begriff „Sakrament" wurde zum ersten Mal von Tertullian (160-–220) verwendet. Bis dahin wurde alles Heilige, ja der ganze Heilsplan Gottes und das Erlösungsgeschehen Jesu Christi mit dem griechischen Begriff „Mysterion" bezeichnet.

Das lateinische Wort „sacramentum" stammt aus dem Soldatenalltag und bedeutet Fahneneid, Soldateneid, Pfand, Bürgschaft. Tertullian hat mit dem Wort „sacramentum" das bezeichnet, was das Christwerden wesentlich voraussetzt: das persönliche Ja, die persönliche Überantwortung des eigenen Lebens an Jesus Christus, so wie ein Soldat damals einen Eid leistete und bereit war, wenn nötig sein Leben zu lassen.

Die Sakramente der Kirche

Wie kommt es zu den Sakramenten in der Kirche? Im Frühmittelalter ist man der Frage nachgegangen, was alles von dem, was die Christen praktizierten, als Sakrament gilt. Ein Kriterium dafür war der Bezug zum Leben und Handeln Jesu Christi. In dieser Zeit beginnt man, neben Taufe und Eucharistie, Ehe und Weihe, dann auch Busse und Krankensalbung zu den Sakramenten zu zählen. Als Erster hat Petrus Lombardus (1100 - 1160), Bischof von Paris, die sieben Sakramente genannt und kurz beschrieben. Beim Konzil von Florenz (1439) wurden die sieben Sakramente bestätigt. Seither herrscht unter den Bischöfen Einigkeit über die sieben Sakramente, welche Katholiken und orthodoxe Christen bis heute anerkennen.

Schauen wir dazu die Sakramente der katholischen Kirche kurz im Überblick an:

Eucharistie: Gestorben für uns

Was ist das Zentrale, das Jesus getan hat? Die meisten berühmten Persönlichkeiten, die ganze Völker beeinflusst oder sogar die Welt verändert haben, werden wegen ihres Lebenswerks in Andenken gehalten. Bei Jesus hingegen, der die Weltgeschichte wie kein Zweiter veränderte, steht sein Tod im Zentrum. Meist wird Jesus trotz der Auferstehung am häufigsten am Kreuz hängend dargestellt. Als der Apostel Paulus nach Korinth kam, sagte er: *„Ich hatte mich entschlossen, bei euch nichts zu wissen ausser Jesus Christus, und zwar als den Gekreuzigten" (1 Kor 2,2).*

Das Kreuz ist das zentrale Zeichen, weil Jesus für uns gestorben ist. Er hat Sein Leben hingegeben und Sein Blut für uns vergossen. Lukas schreibt: Jesus *„nahm Brot, sprach das Dankgebet, brach das Brot und reichte es ihnen mit den Worten: Das ist mein Leib, der für euch hingegeben wird. Tut dies zu meinem Gedächtnis! Ebenso nahm er nach dem Mahl den Kelch und sagte: Dieser Kelch ist der Neue Bund in meinem Blut, das für euch vergossen wird" (Lk 22,19–20).*

Gedächtnis bedeutet: Was damals im Abendmahlssaal und am Kreuz geschah, ereignet sich jetzt. Was Jesus einmalig am Kreuz getan hat, wird fortgesetzt, erneuert und verfügbar, wenn die Christen, Sein heiliges Volk, das Mahl des Herrn, die Eucharistie feiern.

Taufe: Anteil an Jesu Tod und Auferstehung

Welcher Aspekt des Lebens Jesu wird in der Taufe verfügbar und aktuell? Die Auferstehung. Paulus vergleicht die Taufe auch mit dem Begrabenwerden und Auferstehen mit Christus: *„Wisst ihr denn nicht, dass wir alle, die wir auf Christus Jesus getauft wurden, auf seinen Tod getauft worden sind? Wir wurden mit ihm begraben durch die Taufe auf den Tod; und wie Christus durch die Herrlichkeit des Vaters von den*

Toten auferweckt wurde, so sollen auch wir als neue Menschen leben“ (Röm 6,3-4). Und: *„Mit Christus wurdet ihr in der Taufe begraben, mit ihm auch auferweckt, durch den Glauben an die Kraft Gottes, der ihn von den Toten auferweckt hat“ (Kol 2,12).*

Taufe bedeutet, der Sünde und dem alten, egoistischen und selbstherrlichen Menschen zu sterben, zum Leben in Jesus Christus aufzuerstehen und als *„neue Menschen“* zu leben. Die Taufe verbindet uns mit dem Leben Jesu Christi, insbesondere mit Seinem Tod und Seiner Auferstehung. Dadurch tritt ein Mensch ein in den Neuen Bund. Er wird aufgenommen und eingegliedert in den Leib Christi. Nun gehört der Mensch zu Jesus. Er trägt den Ehrennamen „Christ“.[28]

Firmung: Anteil an der Sendung Jesu

In den ersten vier Jahrhunderten wurden Taufe, Firmung und Eucharistie den Erwachsenen in einer einzigen Feier gespendet. Diese drei Sakramente bilden eine Einheit und werden Initiationssakramente, Sakramente der Eingliederung in die Gemeinschaft mit Christus und der Kirche bezeichnet. Gleich im Anschluss an die Taufe wurde mit Handauflegung um Erfüllung mit dem Heiligen Geist gebetet.

Als sich ab dem 4. Jahrhundert die Kindertaufe ausbreitete, entstand ein Problem: Die Babys, die getauft wurden, konnten sich gar nicht bewusst für den Glauben entscheiden. So hat sich im Laufe der Jahrhunderte nach und nach herauskristallisiert, dass man die Handauflegung und das Gebet um den Heiligen Geist auf später, auf ein Alter verschoben hat, wo das Kind bewusst und aktiv „Ja“ zu Christus und der Kirche sagen kann. Daraus ist das Sakrament der Firmung entstanden. Ursprünglich war es kein eigenes Sakrament, sondern stand in Verbindung mit der Taufe.

Jesus hat die Jünger angehaucht und gesagt: *„Wie mich der Vater gesandt hat, so sende ich euch. Empfangt den Heiligen Geist“ (Joh 20,21-22).* Damit hat Jesus den Aposteln Anteil an Seiner Sendung gegeben. Die Kirche, die der Leib Christi ist, führt das Gleiche weiter.

Krankensalbung: Heil und Heilung empfangen

Jesus hat Kranke geheilt und den Aposteln den Auftrag gegeben, dasselbe zu tun. Und: *„Sie … salbten viele Kranke mit Öl und heilten*

---

[28] Die ersten Menschen wurden am Pfingsttag *„auf den Namen Jesu Christi“* getauft *(Apg 2,38).* Sie erhielten dadurch eine neue Identität. Vergleichbar ist dies mit der Heirat: Eine Frau erhält (zumindest früher) den Namen des Mannes. Der Name bezeichnet, zu wem sie gehört. Wir erhalten in der Taufe den Ehrennamen „Christ“ und damit eine neue Identität. Wir gehören für immer zu Ihm.

sie" (Mk 6,13). Bei der Krankensalbung beruft sich die Kirche auf den Jakobusbrief: *„Ist einer von euch krank? Dann rufe er die Ältesten der Gemeinde zu sich; sie sollen Gebete über ihn sprechen und ihn im Namen des Herrn mit Öl salben. Das gläubige Gebet wird den Kranken retten und der Herr wird ihn aufrichten; wenn er Sünden begangen hat, werden sie ihm vergeben" (Jak 5,14–15).*

Die Krankensalbung ist eine Fortsetzung der heilenden Tätigkeit Jesu. Bis zum Zweiten Vatikanischen Konzil wurde dieses Sakrament auch letzte Ölung genannt, das meist kurz vor dem Sterben gespendet wurde. Doch es geht Jesus um das Heil der Kranken.[29] Jesus hat geheilt und Seiner Kirche den Auftrag gegeben dasselbe zu tun. Dazu gibt es viele Formen. Das Sakrament ist nur eine von vielen Möglichkeiten, um für Kranke zu beten.

Beichte: Sakrament der Versöhnung

Jesus hat zum Gelähmten gesagt: *„Deine Sünden sind dir vergeben" (Mk 2,5).* Zu den Aposteln sagte er am Ostertag: *„Wem ihr die Sünden vergebt, dem sind sie vergeben; wem ihr die Vergebung verweigert, dem ist sie verweigert" (Joh 20,23).* Erstaunlich: Jesus bindet sich an das Tun der Apostel: „Wem ihr in der Kraft des Heiligen Geistes die Vergebung zusprecht, dem vergebe ich und wem nicht, dem vergebe auch ich nicht". Das ist das katholische Verständnis von der Beichte, vom Sakrament der Versöhnung. Das Sakrament der Versöhnung, ist nicht die einzige Möglichkeit, Gott um Vergebung zu bitten und Seine Vergebung zu empfangen. Aber es ist die wirksamste Form, weil Jesus selbst hier, wie in allen Sakramenten, autoritativ handelt.

Jakobus sagt: *„Bekennt einander eure Sünden und betet füreinander, damit ihr geheiligt werdet"(Jak 5,16).* Das Neue Testament spricht hier und an weiteren Stellen davon, dass es einen grossen Wert hat, die eigene Schuld nicht nur mit dem Herrn alleine auszumachen. Denn ein Bund hat immer eine Gemeinschaftsdimension. So verletzt schwere Sünde immer auch die Bundesgemeinschaft, denn wir sind ein Leib und gehören als Glieder zueinander.

---

[29] So heisst es in der offiziellen Einführung der „Feier der Krankensakramente" (Seite 21-22): „Der Herr will in diesem Sakrament dem kranken Menschen als Heiland im tiefsten Sinne des Wortes so begegnen, wie Er es in Seinem irdischen Leben mit Vorliebe getan hat. Der Heiland ist es, der in der Person des Priesters lindernd und stärkend dem Kranken die Hände auflegt und ihm die Aufrichtung schenken will, die der Kranke in seiner bedrückenden Lebenssituation braucht. Er will ihm beistehen in den Schmerzen, in der Ungeduld und Angst, in der menschlichen und religiösen Kraftlosigkeit, im inneren Aufbegehren, im Glaubensdunkel, in der Verdrossenheit und dem Zweifel oder auch der Abgestumpftheit und Verhärtung des Herzens gegenüber Gott."

Viele freikirchliche Gemeinschaften sagen: Echte und schwere Schuld müssen wir ins Licht bringen. Das ist die Laienbeichte. Das ist noch kein sakramentales Verständnis, aber es ist biblisch. Denn wir müssen wieder in die Gemeinde eingegliedert werden.[30] Die Laienbeichte war noch bis ins 16. Jahrhundert in der katholischen Kirche üblich. So hatte Ignatius von Loyola vor der Schlacht von Pamplona (1521) einem einfachen Soldaten gebeichtet. Auch Luther hat die Ohrenbeichte wertgeschätzt.

Weihe: Jesus handelt durch den Priester

Kein Mensch kann Sünden vergeben, Brot und Wein in den Leib und das Blut Christi verwandeln. Jesus ist immer der Handelnde. Nun aber hat Jesus Seine Vollmacht an die Apostel weitergegeben: Jesus gab den *„Zwölf … die Kraft und die Vollmacht, alle Dämonen auszutreiben und die Kranken gesund zu mache." (Lk 9,1).* Jesus bevollmächtigt Seine Apostel und daraus geht das Sakrament der Weihe hervor.

Die Weihe ist eine besondere Indienstnahme für den Herrn. Die katholische Kirche kennt die Weihe zum Diakon, Priester und Bischof. Die Geweihten handeln nicht aus eigener Kraft und Vollmacht, sondern „in persona Christi capitis" – „in der Person Christi, des Hauptes der Kirche". Wenn der Priester im Auftrag der Kirche und im Namen Jesu Christi z. B. im Busssakrament sagt: *„Ich spreche dich los von deinen Sünden"*, dann sagt er dies „in persona Christi". Das heisst: In der Person des Priesters spricht Jesus selbst die betreffende Person von ihren Sünden los.

Durch das Sakrament der Weihe werden Menschen von Gott und der Kirche berufen, einen speziellen Dienst im Leib Christi zu erfüllen. Paulus schreibt: Jesus *„gab den einen das Apostelamt, andere setzte er als Propheten ein, andere als Evangelisten, andere als Hirten und Lehrer, um die Heiligen für die Erfüllung ihres Dienstes zu rüsten, für den Aufbau des Leibes Christi" (Eph 4,11–12).* Das Amt und damit die Ge-

---

30 Im zweiten Jahrhundert zeigt die Schrift der „Hirt des Hermas", wie die Vergebung schwerer Sünde von den Ältesten der christlichen Kirche gespendet wurde. Sie wird hier als zweite „Busse" nach der Taufe bezeichnet. Als vom Herrn eingesetzt, wird sie dem „Hirten" (der Begriff scheint auf den Bischof als Hirten seiner Herde hinzuweisen) anvertraut.
Vom dritten bis zum fünften Jahrhundert wurden im Fall von schwerer Sünde strenge öffentliche Busswerke durch den Bischof auferlegt. Nach Ablauf der Busszeit wurde der Büsser in einer Feier der Versöhnung vom Bischof (oder von dessen Vertreter) wieder in die volle Gemeinschaft der Kirche aufgenommen. Alle Berichte bis ins 5. Jahrhundert zeigen, dass die Vergebung schwerer Sünde nur durch öffentliches Bekenntnis und öffentliche Busse und Versöhnung geschah.

weihten stehen ganz im Dienst des Volkes Gottes. Sie befähigen die Heiligen (die Getauften) ihren Dienst zu tun. So sind alle im Leibe Jesu Christi berufen, mitzuhelfen, dass Jesus Christus durch uns wirken und so die Menschen mit Gott und untereinander verbinden kann.

Das Sakrament der Ehe: Zeichen der Treue und Liebe Jesu sein

Viele Christen sehen die Ehe als etwas sehr Wichtiges an, doch nicht alle anerkennen sie als Sakrament. Jesus hat die Ehe nicht gestiftet. Doch Er hat den ursprünglichen Sinn der Ehe wiederhergestellt: *„Habt ihr nicht gelesen, dass der Schöpfer die Menschen am Anfang als Mann und Frau geschaffen hat und dass er gesagt hat: Darum wird der Mann Vater und Mutter verlassen und sich an seine Frau binden und die zwei werden ein Fleisch sein? Sie sind also nicht mehr zwei, sondern eins. Was aber Gott verbunden hat, das darf der Mensch nicht trennen" (Mt 19,4-6).* Durch Jesus hat die Ehe im Reich Gottes eine neue Dimension erhalten. Er stellt die ursprüngliche Unauflöslichkeit vor dem Sündenfall wieder her. Diese Kraft zur Treue und Liebe gibt Er selbst. Denn Er, Christus, ist der Dritte im Bund der Ehe, ja noch mehr: Er ist der Herr der Ehe.

Die Ehe zeigt die bräutliche Dimension der Kirche auf. Die Anweisung für die Männer lautet: *„Ihr Männer, liebt eure Frauen, wie Christus die Kirche geliebt hat und sich für sie hingegeben hat" (Eph 5,25).* Jede Ehe im Reich Gottes will die Liebe Jesu Christi zu Seiner Kirche und die Einheit zwischen Christus und Seiner Kirche zum Ausdruck bringen. Weil diese Liebe Christi treu und unaufkündbar ist, so auch die Ehe.

Der verheiratete Christ lebt und bezeugt für seinen Partner zeichenhaft, dass die ganze Liebe Gottes ihm persönlich gilt, und dass sie konkret erfahrbar ist. So werden Mann und Frau durch ihr Leben gegenseitig zum spürbaren Zeichen der Liebe Gottes. In der gegenseitigen Zärtlichkeit und Zuwendung schenken die Eheleute einander leibhaft Gottes Liebe. Deswegen ist die Ehe in vielen christlichen Konfessionen nicht nur ein menschliches, sondern ein heiliges Bündnis mit Gott.

3.2. Sakramente allgemein

Alle christlichen Konfessionen kennen Zeichen des Bundes, Sakramente. Alle sind sich darin einig, dass diese Zeichen (die Sakramente) wichtig sind, weil Jesus sie eingesetzt hat. Die katholische Kirche kennt sieben Sakramente, die evangelischen Kirchen sprechen von zwei Sakramenten und bei den Orthodoxen gibt es je nach Ritus verschiedene

Definitionen. Katholische Christen und evangelisch-freikirchliche Christen unterscheiden sich nicht nur in der Anzahl der Sakramente, sondern auch in ihrem Verständnis. Als Folge davon hat sich ein unterschiedlicher Umgang mit den Sakramenten entwickelt.

Evangelisches Verständnis

Die evangelisch-freikirchliche Version von Zeichen bzw. Sakramenten ist nicht leicht darzustellen, weil sie nicht einheitlich, sondern kontrovers diskutiert und verstanden wird. Schon zurzeit Luthers gab es zwischen Luther und Zwingli und dann auch wiederum zwischen Calvin und den Lutheranern erhebliche Unterschiede. Doch folgende zwei Aspekte sind bei den meisten evangelisch-freikirchlichen Kirchen bedeutsam:

Das Erste ist der *Symbolcharakter*: Zuerst die eher calvinistische Position. Sakramente sind Zeichen für eine geistliche Realität. Sie symbolisieren eine geistliche Realität. Die Taufe, das Eingetaucht werden ins Wasser (oder Übergossen werden mit Wasser) ist ein Symbol für die geistliche Realität der Neugeburt in Jesus, wie Paulus sagt: *„Wenn also jemand in Christus ist, dann ist er eine neue Schöpfung: Das Alte ist vergangen, Neues ist geworden." (2 Kor 5,17)*

Dasselbe symbolische Verständnis betrifft die Kommunion beim Abendmahl: Wenn wir vom Brot essen und aus dem Kelch trinken ist das ein Symbol für Jesus Christus, der Sein Leben für uns hingegeben hat. Brot und Wein sind bei der Feier des Abendmahls ein Symbol für die geistliche Gemeinschaft mit Jesus. Doch Luther ist dies zu wenig. Er bekräftigt, dass es sich hier um eine Realität handelt. Wir empfangen den Leib und das Blut Christi! Das heisst: Im Brot und Wein begegnen wir Jesus. Es geht um eine Realität.

Das Zweite ist der *Glaube*: Wenn Jesus sagt: *„Tut dies zu meinem Gedächtnis" (Lk 22,19)*, dann deshalb, weil das Gedächtnismahl des Herrn uns stärkt. Das Sakrament festigt den Glauben und darum ist es gut. Und umgekehrt: Die Zeichen (Sakramente) wirken nur kraft des Glaubens, weil der Glaube allein rettet. Die Zeichen wirken nur, wenn Glaube da ist.

Katholisches Verständnis

Das katholische Verständnis ist anders. Hier sind die Zeichen von Brot und Wein (oder das Wasser der Taufe) nicht von der geistlichen Wirkung getrennt. Das katholische Verständnis geht davon aus, Gott hat die Kluft zwischen dem Übernatürlichen (dem Geistlichen) und der

Materie überwunden und zwar in der Menschwerdung Jesu. Man nennt dies auch Inkarnation, Fleischwerdung: *„Das Wort ist Fleisch geworden und hat unter uns gewohnt" (Joh 1,14).*

Jesus brauchte als Mensch natürliche Dinge und menschliche Gesten, um die Liebe des Vaters zu offenbaren. Er verwendete Wasser, Brot, Wein, Fisch, Berührungen und sogar Erde und Speichel, um die Liebe und Kraft des Vaters zu vermitteln, die durch Ihn wirkte.

Diese Inkarnation geht nun im Leben der Kirche weiter. Das heisst: Der gleiche Gott, der einmal Mensch geworden ist, kann geistlich real durch Menschen und materielle Zeichen wirken. Wenn wir z. B. etwas essen, wenn wir gesalbt werden, dann kann etwas Geistliches von Gott her geschehen. Denn Menschwerdung Jesu verleiblicht sich hinein bis in die Sakramente, in die Ämter der Kirche und in menschliche Handlungen. Wenn evangelisch-freikirchliche Christen sagen: „Aber das sind doch nur menschliche Riten und Gott ist doch Geist!" Dann können katholische Christen antworten: „Dies hängt zusammen. Die Zeichen, die Sakramente vermitteln diese Gnade und symbolisieren sie nicht nur."

Jesus wirkt in einem Sakrament nach katholischem Verständnis unabhängig von unserem Glauben. Darüber gab es in der frühen Kirche einen längeren Streit, den so genannten Donatistenstreit. In Nordafrika kam kurz nach dem Ende der Verfolgungszeit im römischen Reich die Frage auf: Was ist mit den Priestern, die während der Verfolgung feige waren. Donatus von Karthago (315 – 355) sagt: Wenn ein Priester kein guter Bekenner war, dann sind seine Sakramente nicht gültig, weil er selber kein echter Zeuge ist.

Augustinus argumentiert dagegen und stellt fest: Die Wirkmächtigkeit, die Kraft dieser Zeichen, (dass beispielsweise eine Taufe gültig ist) hängt nicht an der Heiligkeit des Priesters, sondern am Wort Jesu, das absolut verlässlich und kraftvoll ist. Augustinus entwickelt ein theologisches Konzept, das weiter ausgebildet wurde und heute in der katholischen Theologie mit dem lateinischen Ausdruck „ex opere operato" bezeichnet wird. Das heisst: Aus dem gewirkten Werk heraus.

Was ist das gewirkte Werk? Damit ist das gemeint, was Jesus ein für allemal getan hat. Wenn Jesus sagt: „Das ist mein Leib…", dann wird das nicht erst sein Leib, weil ich so stark glaube, sondern weil das Wort Jesu die Macht dazu hat und Sein Wort wirkt. Dasselbe glauben die anglikanischen Christen wie auch die orthodoxen Gläubigen.

Das Gute an dieser Überzeugung besteht darin, dass die Wirkung des Sakramentes ein Stück weit aus dem Subjektiven herausgenommen ist.

Denn wer weiss, wenn er ein Sakrament empfängt, ob der Prediger, der Pastor oder der Priester nicht kurz vorher gesündigt hat? Wer weiss, ob er persönlich wirklich genug Glauben hat? Beim katholischen Verständnis lastet das Gewicht nicht auf dem Glaubensakt des Einzelnen und auch nicht auf der Frömmigkeit des Priesters. Das Sakrament wirkt, weil Jesus zu Seinem Wort steht.

Kritik: Magie und Sakrament ohne Glauben?

Die evangelisch-freikirchliche Kritik, die schon Luther und alle Reformatoren vorbrachten, ist: „Das ist Magie! An Materie geistliche Dinge zu heften, ist magisches Denken. Solche Vorstellungen gibt es in verschiedenen Mysterienkulten und anderen Religionen. Doch Gott ist Geist!"

Der zweite Vorwurf: „Das ist kein freies Evangelium der Gnade mehr! Deutlich sagt Paulus, dass die Errettung durch Glauben und aufgrund von Gnade allein komme. Das katholische Verständnis könne dazu führen, dass jemand überhaupt nicht glauben müsse, sondern dass es genüge, die Sakramente zu empfangen, um gerettet zu werden. Doch das ist nicht der Fall!"

Eine mögliche Antwort darauf: „Die katholische Kirche unterscheidet zwischen der Gültigkeit und der Wirksamkeit der Sakramente." Das heisst: Wenn ein Sakrament z. B. die Taufe objektiv gültig gespendet ist, dann ist von Gott her alles da, die ganze Fülle der göttlichen Gnade. Doch, obwohl von Gott her alles da ist, kann das Sakrament keine Wirkung haben, wenn Umkehr und Glaube fehlen.

Der Franziskaner Raniero Cantalamessa[31] erklärt das mit folgendem Bild: „Alle vorhandene Elektrizität nützt nichts, wenn wir den Strom nicht brauchen und den Stecker nicht in die Steckdose stecken." Lebendig wird die Gnade eines Sakramentes erst, wenn „der Stecker in die Steckdose kommt". Denn: „Die Sakramente sind keine magischen Riten, die auf mechanische Weise funktionieren, ohne Wissen des Menschen und ohne jedes Mitwirken von ihm. Ihre Wirksamkeit ist die Frucht einer Synergie (eines Zusammenwirkens) von göttlicher Allmacht (der Gnade Christi oder des Heiligen Geistes) und menschlicher

---

[31] Raniero Cantalamessa (geb. 1934) ist mehrfacher Doktor der Theologie und war in Mailand als Professor an der Katholischen Universität. Nach einer besonderen Erfahrung mit dem Heiligen Geist trat er als Professor zurück und widmet sich seither ganz der Verkündigung des Evangeliums. 1980 wurde er zum Prediger des päpstlichen Hauses ernannt. Diese Funktion übt er seitdem aus und hält jede Woche im Advent und in der Fastenzeit einen geistlichen Vortrag für den Papst, die Kardinäle, Bischöfe und Generaloberen der Ordensgemeinschaften.

Freiheit; oder wie Augustinus gesagt hat: Der dich erschaffen hat ohne dein Zutun, wird dich nicht erretten ohne dein Zutun."

Dasselbe sagen auch offizielle Texte der katholischen Kirche wie z. B. dass Zweite Vatikanische Konzil: Damit die Heilskraft Jesu Christi in einem Sakramentes erfahren wird, genügt es nicht, bei der Liturgie des Sakramentes bloss dabei zu sein und es zu empfangen. Es braucht viel mehr unser offenes Herz: „Ehe die Menschen zur Liturgie hintreten können, müssen sie zu Glauben und Bekehrung aufgerufen werden." Nur so ist es möglich, „dass sie mit der himmlischen Gnade zusammenwirken" (Konstitution über die heilige Liturgie, Art. 9 und 11).

Zur Reflexion

Evangelisch-freikirchliche Christen (und auch katholische Gläubige) können sagen: „Das ist schön und gut, doch wie sieht die Praxis aus? Werden heute nicht oft Taufe, Firmung, Erstkommunion oder auch das Ehesakrament gespendet und den Empfängern fehlt der Glaube? Wollen nicht viele einfach nur ein „Ritual" für sich, aber nicht das, was der Inhalt des Sakramentes ist, nämlich eine tiefere Bindung und Hingabe an Jesus in der Gemeinschaft der Kirche leben? Ist es da richtig ein Sakrament zu spenden?"
Da wird die katholische Kirche noch vermehrt nachdenken und entsprechende Konsequenzen daraus ziehen müssen. Denn ohne Evangelisierung, und damit verbunden ohne Umkehr und Glaube, fehlt die Voraussetzung für die Wirksamkeit des Sakramentes. Die Verkündigung dieser Voraussetzung fällt in der volkskirchlichen Verkündigung häufig unter den Tisch. Wir können nicht sagen: „Super, gehen die alle (noch) in die Kirche!" Denn, dass Jemand sakramentalisiert ist und alles mitmacht, heisst noch lange nicht, dass er evangelisiert, bekehrt und ein gläubiger Christ ist.

3.3. Die Taufe – Kindertaufe

Die katholische und die evangelischen Landeskirchen wie auch die anglikanische und die orthodoxen Kirchen handhaben die Praxis (nicht ausschliesslich) der Kindertaufe. Doch ist die Kindertaufe biblisch vertretbar? Im deutschen Sprachraum mit der Durchmischung von Freikirchen und Landeskirchen ist das ein heisses Thema.

Dazu gibt es eine katholische Extremposition: Die Hauptsache besteht darin, dass das Kind getauft ist. Denn sonst kann ein Kind nicht in den Himmel kommen. Es komme in eine Art Vorhölle (Limbus), weil die Erbschuld noch auf dem Kind liege. Dies war zwar nie offizielle kirchliche Lehre, hielt sich aber hartnäckig im Volksglauben.[32]

Argumente gegen die Kindertaufe

Die Baptisten (die Täufer) fingen im 16. Jahrhundert an, die bis dahin weitverbreitete Praxis der Kindertaufe zu kritisieren.[33] Heute werden unter anderem folgende Argumente vorgebracht.

Zuerst der Glaube: Kritiker der Kindertaufe weisen auf die Worte Jesu hin: „*Wer glaubt und sich taufen lässt, wird gerettet werden"(Mk 16,16).* Zuerst kommt der Glaube und dann die Taufe. In der Bibel gehören Glauben und Bekehrung immer als Voraussetzung zur Taufe hinzu. Wir lesen in der Apostelgeschichte von der Pfingstpredigt des Petrus: „*Als sie das hörten, traf es sie mitten ins Herz, und sie sagten zu Petrus und den übrigen Aposteln: Was sollen wir tun, Brüder? Petrus antwortete ihnen: Kehrt um und jeder von euch lasse sich auf den Namen Jesu Christi taufen zur Vergebung seiner Sünden; dann werdet ihr die Gabe des Heiligen Geistes empfangen" (Apg 2,37–38).* Wir lesen nirgends in der Schrift, dass Glaube und Taufe auseinanderrücken.

Fehlender Schriftbeweis: Kritiker der Kindertaufe sagen, dass wir nirgends in der Schrift explizit davon lesen, dass Babys getauft wurden.

Gefahr der billigen Gnade: Der grosse evangelische Theologe Dietrich Bonhoeffer (1906–1945), der im Dritten Reich hingerichtet wurde, hat das Wort von der „billigen Gnade" geprägt. Billige Gnade heisst:

---

32 Im Weltkatechismus von 1992 findet sich der Begriff des *Limbus* nicht mehr: „Was die ohne Taufe verstorbenen Kinder betrifft, kann die Kirche sie nur der Barmherzigkeit Gottes anvertrauen, wie sie dies im entsprechenden Begräbnisritus tut. Das grosse Erbarmen Gottes, der will, dass alle Menschen gerettet werden', und die zärtliche Liebe Jesu zu den Kindern, die ihn sagen lässt: *'Laßt die Kinder zu mir kommen; hindert sie nicht daran!' (Mk 10,14),* berechtigen uns zu der Hoffnung, dass es für die ohne Taufe gestorbenen Kinder einen Heilsweg gibt. Die Kirche bittet die Eltern eindringlich, die Kinder nicht daran zu hindern, durch das Geschenk der heiligen Taufe zu Christus zu kommen." (1261)
Nach katholischem Glauben ist der Empfang der Taufe heilsnotwendig. Neben der Wassertaufe kennt sie die sogenannte *Begierdetaufe*. Eine Begierdetaufe liegt dann vor, wenn Jemand die Taufe wünscht, sie jedoch aus äusseren Gründen nicht empfangen kann, aber auch wenn ein Ungetaufter nach seinem Gewissen und dem Willen Gottes lebt und die Taufe gewiss begehrt hätte, wenn er um sie gewusst hätte. Die *Bluttaufe* empfangen jene, die um des Glaubens willen für Christus ihr Leben in einem gewaltsamen Tod hingeben, bevor sie das Sakrament der Taufe empfangen haben.

33 Die Bezeichnung „Baptisten" leitet sich ab vom griechischen *baptizein*, was „untertauchen" und im übertragenen Sinne „taufen" bedeutet. Als Baptisten werden die Mitglieder einer evangelischen Konfessionsfamilie bezeichnet, zu deren besonderen Merkmalen die ausschliessliche Praxis der Gläubigentaufe gehört.

Gott beschenkt uns, doch die Annahme dieses Geschenkes kostet uns nichts. Bonhoeffer sagt: Die Gnade des Herrn ist zwar gratis von Gott her uns angeboten, doch sie ist nicht billig. Sie kostet unser Ja zur Nachfolge, unser Bekenntnis zu Ihm und unsere Bereitschaft, uns mehr und mehr in Christus verwandeln zu lassen.

Fehlende Zeichenhaftigkeit: Paulus schreibt: *„Wisst ihr denn nicht, dass wir alle, die wir auf Christus getauft wurden, auf seinen Tod* (in seinen Tod hinein) *getauft worden sind? Wir wurden mit ihm begraben durch die Taufe auf den Tod und wie Christus durch die Herrlichkeit des Vaters von den Toten auferweckt wurde, so sollen auch wir als neue Menschen leben" (Röm 6,3–4).* Taufe bedeutet: Der alte Mensch stirbt und wird begraben. Der neue Mensch steht mit Christus auf. Diese Zeichenhaftigkeit von „Altes Leben stirbt – neues Leben steigt auf" wird bei der Taufe eines Babys verdunkelt. Zwar hat ein Baby eine menschliche Natur, die auch von der Sünde beeinflusst und behaftet ist. Doch das Baby hat kein Bekehrungserlebnis hinter sich und kann nicht sagen: Mein früheres Leben mit folgenden Sünden habe ich losgelassen, ...

Argumente für die Kindertaufe

Alte Praxis: Für die Kindertaufe spricht, dass die Praxis der Kindertaufe sehr alt ist. Sie lässt sich in die apostolische Zeit oder zumindest bis fast dahin zurückverfolgen.

Hinweise auf biblische Praxis: In der Apostelgeschichte lesen wir: *„Er* (der Gefängniswärter) *... ließ sich sogleich mit allen seinen Angehörigen taufen" (Apg 16,33).* Dazu die Frage: Gab es unter seinen Angehörigen keine Kinder? Paulus schreibt: *„Ich habe ... die Familie des Stephanas getauft" (1 Kor 1,16).* Auch hier wieder die Vermutung, dass zur Familie eben auch Kinder dazugehörten. Wir lesen bei Johannes dem Täufer: *„Die Leute von Jerusalem und ganz Judäa und aus der ganzen Jordangegend zogen zu ihm hinaus... „ (Mt 3,5),* um sich taufen zu lassen. Hat Jesus da eine Altersgrenze gesetzt und bei der Taufe gefragt: „Bist du schon acht Jahre alt?" Der biblische Befund ist nicht eindeutig.

Jüdisches Verständnis: Das Christentum geht aus dem Judentum hervor. Im Judentum war es völlig normal, dass man von Anfang an in den Glauben der Familie mit hineingenommen wird. So wird das männliche Kind am achten Tag beschnitten. Josua sagt: *„Ich aber und mein Haus, wir wollen dem Herrn dienen" (Jos 24,15).* Das zeigt: Die Vorstellung, dass es einen persönlichen Glaubensakt braucht, entspricht ganz dem Bundesdenken. Zugleich aber auch, dass die eigene Familie ein Kind von Anfang an in die Richtung des Glaubens mit hineinnimmt.

Der Bundesgedanke: Der Schweizer Reformator Zwingli befürwortet die Kindertaufe mit dem Hinweis: Der Bund Gottes mit uns ist nicht nur ein Bund mit einem Einzelnen. Ein Bund hat immer eine soziale, gemeinschaftliche Dimension: Gott schliesst einen Bund mit einem Volk und zu einem Volk gehören immer auch Kinder.

Was bedeutet die Kindertaufe?

Die Kindertaufe erinnert uns daran, dass wir die Erlösung nicht verdienen können. Sie erinnert uns daran, dass die Sakramente primär Werk der Gnade Gottes sind und dass Sein Handeln in unserem Leben entscheidend ist.

Der Säugling hat sich nicht entschieden, sich taufen zu lassen, aber er hat sich auch nicht entschieden, geboren zu werden. Beides ist ein Geschenk von Gott, das dem Kind durch menschliche Vermittlung, nämlich durch seine Eltern zuteil wird. So wie die Eltern am Plan Gottes teilnehmen beim Beginn des physischen Lebens ihres Kindes, genau so können sie auch durch ihren Glauben beim Neubeginn des ewigen, geistlichen Lebens mitwirken, indem sie ihr Kind zur Taufe bringen. Dabei versprechen die Eltern ihr Kind im Glauben zu erziehen, damit das Kind selber später Ja zu Christus und zu Seinem Leib, der Kirche sagen kann.

Das «Amen» der Taufe

Bei der Taufe geht es um einen Bund. Zu einem Bund braucht es zwei Partner, die freiwillig und bewusst zueinander Ja sagen, wozu Babys noch nicht in der Lage sind. Nun hängt alles davon ab, dass diese Kinder im Verlauf ihres Lebens die Liebe Gottes erkennen, sich bewusst für Ihn entscheiden und Ihn mit Freude zum Gott ihres Lebens erwählen.

Das kommt in der Taufe in der katholischen Kirche mit dem „Amen" zum Ausdruck: Wenn der Priester (oder Diakon) ein Kind tauft, spricht er: „(Name), ich taufe dich im Namen des Vaters und des Sohnes und des Heiligen Geistes." Das Wort „Amen" sagt der Priester ganz bewusst nicht. Das hebräische Wort „Amen" ist eine Bekräftigung, ein Festmachen. Es heisst: „Ja, das will ich. Ich stehe ganz dahinter, ich erkläre es für gültig." Der Priester sagt bei der Taufe dieses Amen nicht, weil der Täufling es selbst einmal ganz bewusst sagen und mit seinem Leben bezeugen muss. Erst mit dem bewussten Ja des Getauften, kommt das in der Kindertaufe uns von Gott Geschenkte zur vollen Auswirkung. Erst dann wird der Bund, das Miteinander, lebendig.

Wenn jemand fragt – „Ich bin als Baby getauft worden. Bin ich nun gültig getauft? Soll ich mich nicht nochmals taufen lassen?“ – können wir ihm sagen: „Komm zum Herrn und erneuere deine Taufe. Sprich dein Amen aus. Mach deine Taufe fest und übergib Jesus als deinem Herrn dein Leben!“ Denn die Grundentscheidung der Taufe bedeutet, mit Jesus Christus als „Herrn“ zu leben: *„Ihr habt Christus Jesus als Herrn angenommen. Darum lebt auch in ihm! Bleibt in ihm verwurzelt und auf ihn gegründet“ (Kol 2,6–7a).*

Zur Reflexion

Ob als Kind oder als Erwachsener getauft, die einmal bewusst vollzogene Entscheidung „Jesus als Herrn anzunehmen“ bedarf der täglichen Erneuerung und Vertiefung. Es genügt nicht, Jesus in einer besonderen Stunde das Leben zu übergeben und dazu noch die Taufe zu empfangen. Entscheidend ist, aus dem Herrn zu leben und in der Nachfolge zu wachsen. Das zeigt: Was jemand aus dem Geschenk der Taufe macht, hängt von jedem Einzelnen persönlich ab.

Ein Zeichen der Erneuerung der Taufe vollziehen katholische Christen, wenn sie beim Betreten der Kirche das Weihwasser nehmen. Das ist kein magischer Akt. Sie bezeugen vielmehr, dass sie durch die Taufe Jesus Christus gehören. Darum machen sie als Zugehörigkeits- und Bekenntniszeichen das Kreuzzeichen. Sie machen sich bewusst, dass sie getauft sind, zu Jesus gehören und wünschen jetzt tiefer von Ihm ergriffen zu werden.

Eine Taufe!

Die Frage Kindertaufe ja oder nein ist letztlich eine Frage des grundsätzlichen Verständnisses der Sakramente. Viele Freikirchen erachten die Entscheidungsfähigkeit eines Menschen (ohne Altersgrenze) als Voraussetzung für eine gültige Taufe und anerkennen deshalb die Kindertaufe nicht. Dennoch sind sich alle christlichen Konfessionen einig: Es gibt nur eine (gültige gespendete) Taufe, wie Paulus ausdrücklich betont: *“**Ein** Leib und **ein** Geist, wie euch durch eure Berufung auch **eine** gemeinsame Hoffnung gegeben ist; **ein** Herr, **ein** Glaube, **eine** Taufe, **ein** Gott und Vater aller, ... “ (Eph 4,4–6a).*

Im Gegensatz zu einigen anderen Sakramenten, die auch öfter vollzogen werden können ist die Taufe ein einmaliges Eingegliedert werden in Jesus Christus. Wer getauft ist gehört zur (im ursprünglichen Sinn) katholischen, allumfassenden Kirche und zugleich zu derjenigen Kirche, Konfession, ... in die er durch die Taufe aufgenommen wurde. Wer gültig getauft ist und die Konfession wechselt, muss deshalb nicht mehr neu getauft werden.

3.4. Das Sakrament der Eucharistie

Ich (Johannes Hartl) machte meine erste, einschneidende Erfahrung mit der Eucharistie als Teenager, kurz nach meiner ersten Erfahrung mit Jesus. Es war bei der eucharistischen Anbetung, einem Phänomen, das für evangelisch-freikirchliche Christen ungemein verwirrend ist,[34] im französischen Wallfahrtsort Paray-le-Monial. Dort lebte im 17. Jahrhundert Margareta Maria Alacoque (1647–1690), eine Ordensschwester, die eindrucksvolle Visionen vom Herzen Jesu hatte. Sie sah das Herz Jesu, das erfüllt von Liebe wie ein Vulkan, wie ein glühender Ofen für jeden Menschen brennt.

Ich bin um drei Uhr nachts in der Kapelle, an dem Ort, wo Jesus zu Margareta gesprochen hat. Ich knie am Boden in dieser kalten Kirche und vor mir die Monstranz mit dem Allerheiligsten. Ich habe mir nichts eingeredet. Ich war einfach da und mir war, als könne ich direkt und unmittelbar in dieses Herz Jesu schauen. Ich wurde hineingezogen in diesen Vulkan von explosiver Liebe, von der Margareta Maria Alacoque gesprochen hat. Ich konnte eineinhalb Stunden nicht weg gehen. Ich war wie paralysiert, wie geblendet, wie hineingezogen in diesen Sog.

Ich habe in den ersten Jahren meines aktiven Lebens mit dem Herrn eine so intensive Sehnsucht gespürt, Jesus in dieser eucharistischen Präsenz anzubeten, dass ich mich teilweise in dem Kloster, in dem ich gewohnt habe, am Pförtner heimlich vorbeischlich, um in der Kapelle Jesus anbeten zu können. Ich habe oft zwei Stunden dort verbracht. Diese Erfahrungen gehören mit zu den kostbarsten Begegnungen meines frühen Gehens mit dem Herrn.

Ich habe aber auch viel Negatives erlebt. Ich habe Hl. Messen (Eucharistiefeiern) erlebt, wo die Perlen vor die Säue geworfen werden, wo das Heiligste mit Füssen getreten wird, wo so gehandelt wurde, als würden da Chips ausgeteilt. Ich leide daran und ich finde es furchtbar. Ich habe in freikirchlichen Gottesdiensten (ich habe nicht am Abend-

---

[34] Bei der Eucharistischen Anbetung wird das Brot, das während der Hl. Messe nach katholischem Verständnis zum Leib Christi wurde, in eine goldige Monstranz (was Zeigegerät heisst) eingelegt und Jesus wird darin angebetet. Dies wird auch das Allerheiligste genannt.

mahl teilgenommen) mehr Ehrfurcht und Hingabe beim Empfangen von Brot und Wein gesehen als bei vielen katholischen Christen. Und dies, obwohl freikirchliche Christen ein anderes Verständnis haben. Ich sah Leute weinend das Brot in der Hand halten, das sie minutenlang anschauen, bevor sie es einnehmen. Dann bin ich in die katholische Kirche gegangen, die den Wert der Eucharistie immer so hoch gehalten hat und hier ist oft wenig Ehrfurcht da..."

Egal aus welchem kirchlichen Lager jemand kommt, beim Thema Eucharistie gibt es für uns alle unendlich viel zu entdecken, denn sie ist die tiefste, unaussprechlichste Feier des Geheimnisses der Liebe Gottes.

Der biblische Befund zum Abendmahl

Das älteste biblische Zeugnis stammt von Paulus ca. 54 nach Christus: *„Denn ich selbst habe vom Herrn empfangen, was ich euch dann überliefert habe: Jesus, der Herr, nahm in der Nacht, in der er ausgeliefert wurde, Brot, sprach das Dankgebet, brach das Brot und sagte: Das ist mein Leib für euch. Tut dies zu meinem Gedächtnis! Ebenso nahm er nach dem Mahl den Kelch und sprach: Dieser Kelch ist der neue Bund in meinem Blut. Tut dies, so oft ihr daraus trinkt, zu meinem Gedächtnis! Denn so oft ihr von diesem Brot esst und aus dem Kelch trinkt, verkündet ihr den Tod des Herrn, bis er kommt" (1 Kor 11,23–26).*

Jesus setzt das letzte Abendmahl während der Paschafeier ein. Jesus nimmt am Abend, bevor Er stirbt, ungesäuertes Brot.[35] Er zerbricht es und sagt: „Das ist mein Leib" und gibt dieses Brot den Jüngern zu essen. Dann in einer Geste, die einfach unauslotbar tief ist, nimmt Jesus den Kelch und sagt: „Dies ist mein Blut, das für euch vergossen wird zur Vergebung der Sünden. Dieser Kelch mit dem vergossenen Blut ist der Neue und ewige Bund!"[36] Dann reicht Er den Aposteln den Kelch und alle trinken daraus. Genau das ereignet sich ein paar Stunden später: Der Leib Jesu wird am Kreuz zerbrochen für uns und Sein Blut rinnt auf die Erde für uns.

Zweimal sagt Jesus in obigem Text: *„Tut dies zu meinem Gedächtnis"*. Was bedeutet „Gedächtnis"? In der Paschaliturgie heisst es heute noch: „Ein jedermann aus jedem Geschlecht muss sich betrachten, als

---

35 Im Anschluss an die Paschafeier findet das erste Erntefest, das siebentägige Fest der Ungesäuerten Brote *(3 Mos/Lev 23,6-8; 2 Mos/Ex 12,17-18)* statt. Weil Jesus ungesäuertes Brot nahm, werden heute in der katholischen Kirche Hostien (Oblaten) genommen, ungesalzenes, ungesäuertes Brot.

36 Im Neuen Testament werden die Einsetzungsworte leicht unterschiedlich überliefert. Vielleicht weisen sie auf die vor Ort gepflegte Praxis hin.

wäre er persönlich aus Ägypten ausgezogen." Die Paschafeier ist somit nicht nur Erinnerung an etwas Vergangenes. Vielmehr wird in dieser Feier das vergangene Heilsereignis Gegenwart und neu wirksam.

Wie in der Paschafeier geht es in der Eucharistie nicht nur um Erinnerung an etwas Vergangenes, sondern um Vergegenwärtigung. Mit anderen Worten: Wir sind im Abendmahlssaal dabei und wir stehen in realer, sakramentaler Weise bei jeder Eucharistiefeier unter dem Kreuz Jesu. Seine Hingabe an uns dauert fort. Jedes Mal, wenn wir den Leib des Herrn empfangen und aus dem Kelch trinken, werden Sein Tod und Seine Auferstehung für uns real gegenwärtig.

Bundesmahl

„Dieser Kelch ist der neue Bund in meinem Blut". Diese Aussage knüpft an den Bundesschluss am Sinai: *„Da nahm Mose das Blut, besprengte damit das Volk und sagte das ist das Blut des Bundes, den der Herr aufgrund dieser Worte mit euch geschlossen hat" (2 Mos/Ex 24,8).* Die Eucharistie ist von da her als Bundesmahl zu verstehen. Nicht nur Jesus und ich, so in einer Art Privataudienz treffen sich hier. Es geht vielmehr wie bei jedem anderen Bund auch um ein Mahl: das Mahl des Herrn mit den Seinen.

Auf diesen Mahlcharakter weist die erste Nennung von Brot und Wein in der Schrift hin: Abraham kommt nach Salem und Melchisedek, der Priester von Salem, bringt Brot und Wein heraus. So können sie miteinander ein Mahl feiern *(vgl. 1 Mos/Gen 14,18).*

Opfermahl

Bei jedem Bundesschluss wird ein Opfer dargebracht. Das zeigt sehr schön die hebräische Liturgie des Seder, bei der am Vorabend des Pasahfestes im Kreis der Familie an den Auszugs aus Ägypten gedacht wird, wie auch bei der Liturgie am Sabbat: Dort wird jeweils in den Kidduschbecher Wein eingegossen und gesprochen: „Gesegnet bist du, Herr unser Gott, Schöpfer der Welt, der du die Frucht des Weinstocks erschufst." Dann wird auch Brot genommen und gebetet: „Gesegnet bist du, Herr unser Gott, Schöpfer der Welt, der du Brot aus der Erde hervor spriessen lässt". Die Vorstellung, dem Herrn *das* als Opfer zu bringen, was Er selber uns gegeben hast, das geschieht auch in der Eucharistie.[37]

[37] Vgl. Dazu die Gebete in der katholischen Messe bei der Gabenbereitung. Beim Brot: *Gepriesen bist du, Herr unser Gott, Schöpfer der Welt, du schenkst uns das Brot, die Frucht der Erde und der menschlichen Arbeit. Wir bringen es vor dein Angesicht, damit*

In der Eucharistie bringen wir dem Herrn in den Gaben von Brot und Wein ein zweifaches Opfer dar: Zuerst bringen wir uns selbst dar: Uns *„selbst als lebendiges und heiliges Opfer darzubringen ... ist ... der angemessene Gottesdienst." (Röm 12,1)* Mit den Gaben von Brot und Wein sagen wir: „Herr, ich bringe Dir alles dar, was ich bin. Ich schenke mich Dir. Das ist mein Opfer."

Eindrucksvoll ist jedoch das zweite Opfer: Das Opfer Jesu, Seine Hingabe an den Vater und an uns. Jesus hat *"sich selbst kraft ewigen Geistes Gott als makelloses Opfer dargebracht" (Hebr 9,14)* als Sühne für unsere Sünden. Nun können wir „durch das Blut Jesu in das Heiligtum" eingehen. Denn Jesus als Priester des neuen Bundes *„hat uns einen neuen und lebendigen Weg erschlossen durch den Vorhang hindurch, das heißt durch sein Fleisch" (Hebr 10,19–20).* Das heisst durch Sein Fleisch, durch Sein Leiden und Sterben, haben wir Zugang ins Allerheiligste, ins Herz des himmlischen Vaters erhalten. Dieses Opfer Seines Sohnes bringen wir in jeder Eucharistiefeier dem Vater mit Dank dar.

Teilnahme an der himmlischen Liturgie

Wenn wir Eucharistie feiern, treten wir in das Heiligtum des Himmels ein, wohin Jesus uns vorausgegangen ist: Denn *"Ihr seid vielmehr zum Berg Zion hingetreten, zur Stadt des lebendigen Gottes, dem himmlischen Jerusalem, zu Tausenden von Engeln, zu einer festlichen Versammlung und zur Gemeinschaft der Erstgeborenen, die im Himmel verzeichnet sind; zu Gott, dem Richter aller, zu den Geistern der schon vollendeten Gerechten, zum Mittler eines neuen Bundes, Jesus, und zum Blut der Besprengung, das mächtiger ruft als das Blut Abels." (Hebr 12,23–24).*

Auf diese Teilnahme an der himmlischen Liturgie weist auch das Zweite Vatikanische Konzil hin: „In der irdischen Liturgie nehmen wir vorauskostend an jener himmlischen Liturgie teil, die in der Heiligen Stadt Jerusalem gefeiert wird, zu der wir pilgernd unterwegs sind, wo Christus sitzt zur Rechten Gottes,... In der irdischen Liturgie singen wir dem Herrn mit der ganzen Schar des himmlischen Heeres den Lobgesang der Herrlichkeit.... In ihr erwarten wir den Erlöser, unseren Herrn Jesus Christus, bis er erscheint als unser Leben und wir mit ihm erscheinen in Herrlichkeit" (Konstitution über die heilige Liturgie 8).

mit es uns das Brot des Lebens werde. Beim Wein: Gepriesen bist du, Herr unser Gott, Schöpfer der Welt, du schenkst uns den Wein, die Frucht des Weinstocks und der menschlichen Arbeit. Wir bringen diesen Kelch vor dein Angesicht, damit er uns der Kelch des Heiles werde.

„Das *ist* mein Leib"?!

Was in der Eucharistie passiert, ist mehr als „wir denken an". Die Zeichen sind nicht nur ein Symbol, sondern transportieren eine Realität. Denn Jesus sagt nicht: Wenn ihr dieses Brot esst, dann denkt an meinen Leib. Jesus sagt vielmehr: „Das *ist* mein Leib."

Wie ist dieses „ist" zu verstehen. Darüber haben sich viele Theologen gestritten und tun es heute noch. Eine bekannte Auseinandersetzung fand im Kloster von Corbie in Frankreich zwischen den beiden Mönchen und Theologen Ratramnus († um 868) und dem Abt Radbertus (785–865) statt. Abt Radbertus sagt: Es war vorher Brot, nachher ist es nicht mehr Brot, sondern real Leib Christi. Ratramnus sagt: Nein, das ist eher symbolisch zu verstehen.

In der katholischen Tradition, wie auch bei Luther und in weiten Teilen der evangelischen Kirchen, setzte sich der Gedanke der Realpräsenz durch.[38] Die evangelischen Kirchen lehnen jedoch den Begriff der Wandlung bzw. der Transsubstantiation der katholischen Kirche ab. Wie kam es zu diesen Begriffen?

In der Lehre des Thomas von Aquin, in der die aristotelische Metaphysik eine grosse Rolle spielt, wird unterschieden zwischen der Substanz und der Akzidenz (Materie) eines Dinges. Die Substanz ist das eigentliche, innere Wesen. Die Akzidenz (Materie) ist das Äusserliche und Sichtbare. Nun sagt die katholische Lehre: Die Materie bleibt gleich. Die Substanz ändert sich. Es geht um eine Wesensverwandlung.

Das heisst: Brot und Wein bleiben physikalisch und chemisch Brot und Wein. Folglich schmecken sie auch nach den Wandlungsworten des Priesters so. Dennoch sind sie dem Wesen, der geistlichen Realität nach etwas anderes geworden: Leib und Blut Jesu Christi. Leib meint Person, Blut bedeutet Leben. Mit anderen Worten: Der Auferstandene ist in den konsekrierten (gewandelten) Gaben mit Seinem ganzen Leben und damit mit Seiner ganzen Menschheit und Gottheit real gegenwärtig.[39]

---

[38] Innerhalb der reformierten-zwinglianischen, der calvinistischen Kirchen sowie der verschiedenen Freikirchen ist das Verständnis des Abendmahls (Eucharistie) sehr komplex und vielfältig, sodass es nicht einfach dargelegt werden kann.

[39] Transsubstantiation ist das Fachwort für die „Wesensverwandlung". Das Konzil von Trient versuchte im Jahre 1551 das Geheimnis der Eucharistie, die „Transsubstantiation", so zu beschreiben: Weil „Christus, unser Erlöser, sagte, das, was er unter der Gestalt des Brotes darbrachte ..., sei wahrhaft Sein Leib, deshalb hat in der Kirche stets die Überzeugung geherrscht, und dieses heilige Konzil erklärt es jetzt von neuem: Durch die Konsekration des Brotes und Weines geschieht eine Verwandlung der ganzen Substanz des Brotes in die Substanz des Leibes Christi, und der ganzen Substanz des Weines in die Substanz Seines Blutes. Diese Wandlung wurde von der heiligen katholischen Kirche treffend und im eigentlichen Sinne Wesensverwandlung genannt" (DH 1642).

Luther lehnt diese Vorstellung ab. Er sagt: Jesus ist im Brot real gegenwärtig (Realpräsenz). Der springende Punkt ist: Ist er es nur im Moment der Abendmahlsfeier oder nachher auch? Die evangelische Tradition sagt: Wenn wir im Glauben Brot und Wein empfangen, ist Jesus real da. Nachher kann das übrig gebliebene Brot auch für anderes verwendet werden. Hier würden katholisch Christen energisch protestieren: Auf gar keinen Fall! Das ist und bleibt der Leib des Herrn, das Allerheiligste! Darum wird dieses Brot im Tabernakel für die Kranken aufbewahrt und Jesus kann darin angebetet und verehrt werden.

Zur Reflexion

Wir können über die Transsubstantiationslehre der katholischen Kirche und über die Realpräsenz denken, was wir wollen. Doch biblisch gesehen kommen wir nicht umhin, uns dieser Frage zu stellen. Sowohl Paulus wie die Synoptiker stellen das Ist nicht in Frage, auch Jesus im Johannesevangelium nicht. Dort fordert Er im Anschluss an die Brotvermehrung Seine Zuhörenden in der Synagoge von Kapharnaum so sehr heraus, dass *„viele seiner Jünger, die ihm zuhörten, sagten: Was er sagt, ist unerträglich." (Joh 6,60)* Was sagte Jesus dort?

Zuerst bezeichnet sich Jesus als Brot des Lebens: *„Ich bin das lebendige Brot, das vom Himmel herabgekommen ist. Wer von diesem Brot isst, wird in Ewigkeit leben." (Joh 6,51)* Damit sind wir alle einverstanden! Doch dann sagt Jesus: *„Wer mein Fleisch isst und mein Blut trinkt, hat das ewige Leben und ich werde ihn auferwecken am letzten Tag. Denn mein Fleisch ist wirklich eine Speise und mein Blut ist wirklich ein Trank. Wer mein Fleisch isst und mein Blut trinkt, der bleibt in mir und ich bleibe in ihm" (Joh 6,54–56).* Da sagen die Juden „Das ist unerträglich. Wir können dich doch nicht aufessen." Darauf antwortet Jesus nicht abschwächend: „Sorry, ich meine es nur symbolisch. Mir ist nur wichtig, dass ihr an mich denkt." Jesus sagt vielmehr herausfordernd: *„Wenn ihr das Fleisch des Menschensohnes nicht esst und sein Blut nicht trinkt, habt ihr das Leben nicht in euch." (Joh 6,53)*

Auch die frühe Kirche nahm das wörtlich. Justin der Märtyrer (100-165) sagt: Die Christen glauben wirklich, dass dies der Leib des Herrn ist. Denn damals wurden Christen deswegen verfolgt und hingerichtet, weil man ihnen Kannibalismus (sie essen Jesus) vorgeworfen hat. So wörtlich haben sie die Worte Jesu genommen.

Eucharistie – Danksagung

Beim letzten Abendmahl lesen wir von Jesus: *„... er nahm Brot, sprach das Dankgebet, ...“ (Lk 22,19).* Im griechischen Urtext steht für *„sprach das Dankgebet“*: „eucharisteas“. Daher kommt die Bezeichnung „Eucharistie“. Eucharistie heisst Danke sagen, Danksagung. Das Wort Eucharistie wurde schon bald zur Hauptbezeichnung. „Brotbrechen“, „Abendmahl“ und „Herrenmahl“ werden bereits im zweiten Jahrhundert nicht (oder kaum) mehr gebraucht. Bereits Ignatius von Antiochien (gestorben um 110) nennt diese Feier „Eucharistie“.

In der Eucharistie danken wir zuerst für die guten Gaben der Schöpfung, für unser Leben, für unsere Mitmenschen und für alle Wohltaten. Indem wir Brot und Wein zum Herrn bringen, danken wir ihm weiter für die ganze grosse Heilsgeschichte und darin vor allem und in erster Linie für Jesus. Wir danken Gott für alles, was Jesus für uns getan hat, was Er jetzt für uns tut und was Er alles noch tun wird. Denn der himmlische Vater wird die Erlösung durch Ihn vollenden.

Kommunion: das Mahl des Herrn

Im Wort „Kommunion“ sind die beiden Wörter enthalten: „Com“ und „unio“, was wörtlich heisst: Zusammen oder miteinander eins werden. Hier geht es darum, mit Jesus eins zu werden und damit mit allem, was zu Ihm gehört.

Der Bischof Cyrill von Jerusalem (313–386) schreibt zum Kommunionempfang. „Da die rechte Hand den König in Empfang nehmen soll, so mache die linke Hand zum Thron für Ihn! Nimm den Leib Christi mit hohler Hand entgegen und erwidere: ‚Amen!‘ Berühre behutsam mit dem heiligen Leib deine Augen, um sie zu heiligen. Dann geniesse Ihn! Doch habe acht, dass dir nichts davon auf den Boden falle. ... Nach der Kommunion des Leibes Christi gehe auch zum Kelch des Blutes. ... Verbeuge dich, sprich zur Anbetung und Verehrung das ‚Amen‘ und geniesse, um dich zu heiligen, auch vom Blute Christi.“[40]

Wir können den Kommunionempfang nicht heilig genug gestalten, denn wir empfangen in diesem Moment Jesus, unseren Geliebten. Dieses Wunderbare und die Heiligkeit dieses Augenblickes darf und soll man an unserer Haltung sehen. Deswegen knien katholische Christen in dem Moment, wo die Wandlung passiert und der Tod Jesu am Kreuz für uns gegenwärtig wird. Solche Körperhaltungen sind nicht an sich heilig, aber sie können helfen, den heiligen Augenblick tiefer zu erleben.

---

[40] Zitiert nach: Cyrill von Jerusalem: Texte der Kirchenväter, Band vier S. 287f Köselverlag 1964

Die Kommunion mit dem Herrn Jesus ist nicht nur etwas Privates, sondern auch ein Gemeinschaftsmahl mit der Kirche. Paulus schreibt: *„Ist der Kelch des Segens, über den wir den Segen sprechen, nicht Teilhabe am Blut Christi, ist das Brot, das wir brechen, nicht Teilhabe am Leib Christi? Ein Brot ist es, darum sind wir viele ein Leib, denn wir haben alle Teil an dem einen Brot" (1 Kor 10, 16–17).* Kommunion bedeutet eins werden mit der kirchlichen Gemeinschaft. Das ist der Grund, warum nicht alle Konfessionen wollen, dass Angehörige anderer Konfessionen mit ihnen gemeinsam Eucharistie feiern und alle gemeinsam die Kommunion, das Abendmahl empfangen. Da denken die einzelnen Kirchen und Konfessionen unterschiedlich. Wir sind eingeladen, die Regeln der jeweiligen Kirche und auch der eigenen Kirche zu respektieren.

Kommunion und die Gemeinschaft der Kirche

Eigentlich müsste es doch einfach sein: „Wenn wir alle den Herrn lieben, dann haben wir doch eine Herzensgemeinschaft. Wir sind also eins im Herrn!" Tatsächlich haben wir oft mit Angehörigen aus anderen Konfessionen eine tiefere Herzensgemeinschaft, als mit solchen der eigenen Kirche. Und doch gibt es da ein Problem, denn es gibt nicht nur eine unsichtbare, sondern auch eine sichtbare Einheit der Kirche.

Die sichtbare Einheit der Kirche nach aussen gibt es (noch) nicht. Und genau darum betet Jesus: *„Alle sollen eins sein … damit die Welt glaubt" (Joh 17,21).* Jesus meint hier (auch) die sichtbare Einheit. Wenn wir gemeinsam Eucharistie feiern, obwohl wir in manchen Glaubensfragen wie auch in der Vorstellung wie Kirche aussieht und die Ämter zu verstehen sind, unterschiedlich sind, dann feiern wir etwas, was noch nicht da ist. So denkt die katholische Kirche.

Von Anfang an gab es in der Urkirche Regeln zur Frage: Wer darf die Heilige Kommunion empfangen? Bereits Paulus hat darauf hingewiesen: *„Wer also unwürdig von diesem Brot isst und aus dem Kelch trinkt, macht sich schuldig am Leib und Blut des Herrn. Jeder soll sich selbst prüfen; erst dann soll er von dem Brot essen und aus dem Kelch trinken. Denn wer davon isst und trinkt, ohne zu bedenken, dass es der Leib des Herrn ist, der zieht sich das Gericht zu, indem er isst und trinkt" (1 Kor 11,27–29).*

„Leib des Herrn" hat eine doppelte Bedeutung. Einerseits bedeutet *„Leib des Herrn"* das eucharistische Brot und andererseits die versammelte Gemeinde, die Sein lebendiger Leib ist. Beide Male geht es um den wahren Leib Christi. Paulus sagt: Wenn wir Jesus in der Eucharis-

tie und in der Gemeinde nicht ehren, dann versündigen wir uns und ziehen uns das Gericht zu. Hier bei der Eucharistie wie in der Gemeinde geht es um etwas Heiliges!

Justin der Märtyrer (100–165) erwähnt drei Bedingungen für den Kommunionempfang. „Daran darf nur teilnehmen, wer unsere Lehren für wahr hält, das Bad zur Nachlassung der Sünden und zur Wiedergeburt empfangen hat und nach den Weisungen Christi lebt."

Als Erstes betont er die innere Übereinstimmung mit der Lehre der Kirche. Dem folgend hat die katholische Kirche für den richtigen Empfang der Eucharistie immer auch die Verbundenheit mit dem Glauben der Gesamtkirche betont. Als Zweites betont Justin, dass eine Person getauft sein (das heisst zur Kirche gehören) muss. Die Eucharistie ist das Mahl der Getauften. Sie ist Ausdruck und Höhepunkt der Tischgemeinschaft der Familie Jesu. Drittens muss er nach den Weisungen, nach den Geboten Jesu Christi leben. Wir können nicht einerseits Jesus empfangen und andrerseits nicht nach Seinen Geboten, nach Seinem Wort leben.

Mehr dazu im Anhang zum Thema: „Katholisches Eucharistieverständnis und Kommunionempfang", Seite 145.

Eingeladen zur ewigen Hochzeit

Paulus schreibt: *„Denn so oft ihr von diesem Brot esst und aus diesem Kelch trinkt verkündet ihr den Tod des Herrn bis er kommt" (1 Kor 11,26).* Jede Eucharistiefeier beinhaltet auch eine eschatologische Verkündigung. So rief die versammelte Gemeinde in der Urkirche am Schluss der Feier: „Maranatha", was: „Komm, Herr Jesus" oder: „Der Herr ist gekommen" heisst. Beides ist richtig: Der Herr ist in Leib und Blut (im Kommunionempfang) gekommen und Er wird in Herrlichkeit wieder kommen. Nach einer Legende ist jeweils ein Gläubiger am Ende der Eucharistiefeier hinausgelaufen und hat nach Osten geschaut, ob der Herr schon komme.

Heute beten alle nach der Wandlung in der katholischen Eucharistiefeier: *„Deinen Tod, o Herr, verkünden wir, und deine Auferstehung preisen wir, bis du kommst in Herrlichkeit."* Wir warten, bis der Herr in Herrlichkeit wiederkommt, um alle zu richten und um Seine Braut heimzuführen, in ein ewiges berauschendes Fest der Liebe: *„Selig, wer zum Hochzeitsmahl des Lammes eingeladen ist" (Offb 19,9).*

Bereits im Alten Testament sagt der Herr: In der Wohnung des Herrn *„sollt ihr vor dem Herrn eurem Gott das Mahl halten, ihr sollt fröhlich* *sein und eure Familien aus Freude über alles was eure Hände geschafft haben, weil der Herr dein Gott dich gesegnet hat" 5 Mos/Dtn 12,7).* Und: „*Der Herr der Heere wird auf diesem Berg für alle Völker ein Festmahl geben mit den feinsten Speisen, ein Gelage mit erlesenen Weinen, mit den besten und feinsten Speisen, mit besten, erlesenen Weinen" (Jes 25,6).*

Jedes Mal, wenn wir das Mahl des Herrn feiern, erinnern wir uns: Wir gehen auf ein grosses Fest, auf eine grosse Party, auf eine wunderbare Hochzeit zu. Da gibt es viel zu feiern und zu festen. Jede Eucharistiefeier ist bereits eine kleine Vorwegnahme dieser grossen Hochzeitsfeier, eine Vorfeier einer grandiosen Zukunft, in der unser Glück, unsere Freude und unser Jubel keine Grenzen mehr kennen.

Die Eucharistiefeier ist Liturgie

Eine Liturgie bestimmt einen Ablauf von Gebeten, Texten, Liedern, ... Die Liturgie legt fest, wann was kommt. Die Liturgie dient der Verehrung Gottes und zur Vertiefung des gemeindlichen Glaubens. Die Liturgie umfasst das gesamte gottesdienstliche Geschehen: Gebet, Lesung und Verkündigung, Gesang, Gestik, Bewegung und Gewänder, liturgische Geräte, Symbole und Symbolhandlungen. Zur Liturgie gehören auch feste Riten.

Ein Ritus ist das Vorgehen nach einer festgelegten Ordnung. Wir alle kennen solche Riten. Jeder hat einen je eigenen Ritus beim Aufstehen und beim sich Waschen. Auch unsere Mitmenschen begrüssen wir in der Regel immer gleich. Wir essen (meist) dasselbe Frühstück. Riten helfen uns.[41]

Geschichtliches

Die christliche Liturgie ist sehr alt. Wir lesen vom Brotbrechen bereits unmittelbar nach Pfingsten: „*Tag für Tag verharrten sie einmütig im Tempel, brachen in ihren Häusern das Brot und hielten miteinander Mahl in Freude und Einfalt des Herzens"(Apg 2,46).* Es scheint, dass sie Eucharistie hier täglich gefeiert haben. Kurze Zeit später gingen „*Petrus und Johannes ... um die neunte Stunde zum Gebet in den Tempel hinauf" (Apg 3,1).* Die vorgegebene Zeit weist auf ein gemeinsames Gebet, auf eine Liturgie hin.

---

[41] Ich (Johannes Hartl) habe mit meiner Frau das kleine Ritual, dass wir praktisch jeden Tag, ausser wenn ich unterwegs bin, um 17.00 Uhr Tee trinken. Das ist kein totes, lebloses Ritual, das hinderlich ist für unsere Liebe, im Gegenteil! So ein kleines Ritual hilft einfach, dass die wichtigen Dinge wichtig bleiben, z. B. dass wir Zeit füreinander haben.

Die ersten Christen, die Kirche hat am Anfang früh am Sonntagmorgen vor Sonnenaufgang die Eucharistie gefeiert. Paulus erzählt: *„Als wir am ersten Wochentag versammelt waren, um das Brot zu brechen,..." (Apg 20,7).*[42] Anfänglich wurde die Eucharistie zusammen mit einem Sättigungsmahl gefeiert. Mit der Zeit jedoch gab es Probleme. Das Miteinander von Mahlgemeinschaft und die Gebetsgemeinschaft, funktionierte immer weniger. Die Gemeinde von Korinth ist dafür ein sprechendes Beispiel *(vgl. 1 Kor 11,17–34)*. Darum wurde mit der Zeit das gemeinsame Essen von der gemeinsamen Mahlfeier getrennt.

Als Folge entstand eine eigene Gebetsfeier-Liturgie. Da orientierten sich die Christen zuerst an den Juden. Sie übernahmen vom jüdischen Gottesdienst viele Gebete, Psalmen und auch das Lesen aus der heiligen Schrift. So entstand schon sehr früh ein Wortgottesdienst als Ergänzung zur Mahlfeier. Diese Liturgie war anfänglich weitgehend frei gestaltet mit vielen spontanen Gebeten. Das war in kleineren Gruppen und Gemeinschaften auch gut möglich.

Justin der Märtyrer (100–165) schreibt um 155 dem heidnischen Kaiser Antoninus Pius (138–161). Er will ihm erklären, was die Christen tun. Damit gewährt er uns Einblick in die frühkirchliche Praxis: „Am Tag, den man Sonntag nennt, findet eine Zusammenkunft aller statt, die in Städten oder auf dem Lande wohnen. Dabei werden die Denkwürdigkeiten der Apostel oder der Propheten vorgelesen, solange es üblich ist. Hat der Vorleser fertig gelesen, so hält der Vorsteher eine Ansprache, worin er zur Nachahmung all dieses Guten ermahnt und auffordert. Dann stehen alle auf und senden Gebete empor. Und wenn das Beten beendet ist, wird Brot, Wein und Wasser herbeigebracht. Der Vorsteher spricht mit aller Kraft Gebete und Danksagungen, und das Volk stimmt ein, indem es „Amen" sagt. Darauf findet die Ausspendung und Entgegennahme der Eucharistie statt: Jeder erhält seinen Teil vom Geweihten; den Abwesenden aber wird es durch den Diakon gebracht."[43]

Ein Beispiel aus der Urkirche

Das Hochgebet ist jenes Gebet, das, während dem heiligen Geschehen, vom Vorsteher des Gottesdienstes, dem Priester, vorgebetet wird. Hier nun ein Ausschnitt aus dem ältesten Hochgebet. Es stammt aus der Didache (Zwölfapostellehre), welche ca. 90 nach Christus entstan-

---

42 Der erste Tag der Woche war damals noch ein Werktag. Der Sonntag ist erst seit 321 ein Feiertag.

43 Zitiert nach: Justin der Märtyrer: Text der Kirchenväter, Band vier S. 278 Köselverlag 1964

den ist: „Wir danken dir, heiliger Vater, für deinen heiligen Namen, den du hast Wohnung nehmen lassen in unseren Herzen, und für die Erkenntnis und den Glauben und die Unsterblichkeit, die du uns kundgemacht hast durch Jesus, deinen Sohn. Dir sei die Herrlichkeit in Ewigkeit.

Du Herr, Allmächtiger, hast alles geschaffen um deines Namens willen; Speise und Trank hast du den Menschen gegeben zum Genuß, damit sie dir Dank sagen; uns aber hast du geschenkt geistliche Speise und Trank und ewiges Leben durch Jesus deinen Sohn. Für alles sagen wir dir Dank, weil du mächtig bist. Dir sei die Herrlichkeit in Ewigkeit.

Gedenke, Herr, deiner Kirche, sie zu bewahren vor allem Bösen und sie zu vollenden in deiner Liebe, und führe sie zusammen von den vier Winden – die geheiligte – in dein Reich, das du für sie bereitet hast. Denn dein ist die Kraft und die Herrlichkeit in Ewigkeit.

Es komme Gnade, und es vergehe diese Welt. Hosianna dem Gotte Davids. Wenn jemand heilig ist, komme er. Wenn er es nicht ist, tue er Buße. Maranatha. Amen. Den Propheten aber gestattet, Dank zu sagen, soviel sie wollen“ (10, 2-7).

In der ältesten Kirchenordnung hat das charismatische Element Platz, denn prophetisches Reden wird ausdrücklich gut geheissen. Zugleich ist eine Liturgie da.

Die katholische Kirche nennt im 2. Vatikanischen Konzil, die Eucharistiefeier „Quelle und Höhepunkt des ganzen christlichen Lebens.“ (vgl. Dogmatische Konstitution über die Kirche 11). Eine Quelle erfrischt, nährt und belebt. Der Höhepunkt ist das, worauf alles andere hingeordnet ist und was am Wichtigsten, Wertvollsten ist. Dies ist die Eucharistiefeier nicht wegen einer Handlung an sich, sondern weil Jesus Christus den Höhepunkt Seiner Liebe, Seinen Tod und Seine Auferstehung in dieser Liturgie gegenwärtig setzt.

Näheres zum „Ablauf einer katholischen Eucharistiefeier“ kann im Anhang S. 149 nachgelesen werden.

Zur Reflexion

Warum gibt es so etwas wie Liturgie? Warum machen wir es nicht einfach so, wie der Geist uns führt? Dazu gibt es einiges zu bedenken:

Erstens macht uns die Liturgie weniger abhängig von der Darbietung, dem Auftritt und der Stimmung dessen, der die Versammlung leitet. Wenn wir uns an konkrete Texte und Abläufe halten, dann steht weniger die Person im Mittelpunkt, sondern die Sache. Darauf liegt das Gewicht und nicht auf der Person. So ist die Liturgie eine Hilfe, weniger um Menschen zu kreisen und die Versammlung mehr auf Gott hin auszurichten.

Dazu kommt: Es gibt immer eine Art Liturgie. In jeder noch so freien Gemeinde fängt die Versammlung mit etwas an. Oft damit, dass jemand beginnt Musik zu spielen oder jemand ein Gebet spricht. Überall gibt es eine Art von Abläufen, auch wenn man grundsätzlich offen ist für das freie Wirken des Geistes. Die Frage ist: Sind wir uns dessen bewusst und sind unsere liturgischen Abläufe gut?

Weiter: Eine liturgische Ordnung hilft, die einzelnen Aspekte des Treffens richtig zu gewichten. Das Wesentliche bleibt wesentlich! Dazu kommt, dass Traditionen und Rituale Heimat schaffen. Dies ist auch für Kinder hilfreich. Sie wissen: „So läuft es bei uns".

Doch Riten können auch tot und leblos sein, äusserliche Formen, die niemand versteht. Wer in einen katholischen Gottesdienst geht, hört dort hochklingende Texte und erlebt verschiedene Rituale. Dies erscheint manchmal alles andere als spontan und zeitgemäss. Aber je genauer wir diese Riten und Gebete betrachten, umso mehr erstrahlt eine innere Schönheit. Dazu müssen wir aber die Bedeutung kennen und sie dann mit Leben und Glauben füllen.

4. Teil: Die Wolke der Zeugen

Ein ungarischer Theologiestudent, der zur Zeit des Eisernen Vorhanges im Westen studierte, fuhr in den Ferien in sein Heimatland. Er nahm die Bibel und einige Heiligenbücher mit. Der Zöllner nahm ihn an der Grenze aus dem Bus und kontrollierte ihn. Die Bibel haben sie ihm gelassen, jedoch die Heiligenbücher haben sie ihm weggenommen. Darauf fragte der Student erstaunt: „Warum geben Sie mir die Bibel zurück und nehmen mir die Heiligenbücher weg?“ Darauf entgegneten die Zollbeamten: „Wir sind so instruiert, dass Heiligenbücher wegzunehmen sind; denn diese liefern den Beweis, dass alles, was in der Bibel steht, wahr ist. Ohne die Heiligen könnte man sagen, alles sei bloss eine Ideologie.“

Diese Aussage kommt der Wahrheit nahe: Die Heiligen sind die lebendigen Zeugen für das Evangelium. Sie „beweisen“, dass die christliche Heilsbotschaft wirkt, denn die Heiligen offenbaren den Triumph der Kraft Gottes in der menschlichen Schwachheit. Davon erzählt das ganze Kapitel 11 im Hebräerbrief. Hier werden wir an den Glauben und das Leben der alttestamentlichen Heiligen erinnert. Diese Aufzählung endet mit den Worten: *„Da uns eine solche Wolke von Zeugen umgibt, wollen auch wir alle Last und die Fesseln der Sünde abwerfen. Lasst uns mit Ausdauer in dem Wettkampf laufen, der uns aufgetragen ist“ (Hebr 12,1).* Wir sind von einer grossen Schar umgeben, die uns anspornen will, treu den Weg auch durch Anfechtung und Leiden zu gehen, denn wir sind auf der Seite des ewigen Siegers.

Die Heiligen wollen uns durch ihr Vorbild ermutigen. So wie der heilige Paulus kühn sagt: *„Nehmt mich zum Vorbild, wie ich Christus zum Vorbild nehme“ (1 Kor 11,1).* Die Heiligen zeigen uns, was sich für alle Ewigkeit lohnt. Sie spornen uns an, über uns hinauszuwachsen und mit allen Kräften unsere *„himmlische Berufung“ (Phil 3,14)* radikal ernst zu nehmen. Sie zeigen uns den Weg dahin.

4.1 Zur Heiligenverehrung

Vorbildliche gläubige Frauen und Männer ermutigen und unterstützen uns auch heute auf dem Weg des Glaubens. Doch bei der Frage wie sie uns unterstützen können, gehen die Meinungen auseinander. So sind Maria und die Heiligen ein Thema, bei dem schnell Emotionen hoch gehen können.[44] Was ist der Knackpunkt? Um was geht es, wenn katholische Christen Heilige und Maria verehren? Ist dies Götzendienst? Beten sie eine dämonische Macht an? Und wenn Heiligen- und Marienverehrung kein Götzendienst sein soll: Warum steht davon nichts in der Bibel?

Bevor wir uns diesen Fragen nähern ist es gut uns nochmals in Erinnerung zu rufen, dass es nach dem katholischen Verständnis eine „Hierarchie der Wahrheiten“ gibt. Das bedeutet: Aussagen über Maria und die Heiligen sind nicht von gleicher Wichtigkeit wie die fundamentalen christlichen Wahrheiten über das Wesen Gottes und die Erlösung. Dennoch soll die Rolle Mariens und der Heiligen in Gottes Plan nicht ignoriert oder vernachlässigt werden.

Protestantische Kritik an Marien- und Heiligenverehrung

Kurz nach der Reformation wurde im Zuge des Augsburger Reichstages 1530 die Confessio Augustana geschrieben. Sie gehört bis heute zu den verbindlichen Bekenntnisschriften der lutherischen und auch der reformierten Kirchen. Da finden wir neben 50 anderen Punkten die klare Absage, Heilige zu verehren oder um Hilfe zu bitten. Es war der Punkt, der in den Diskussionen rings um den Reichstag am hitzigsten debattiert wurde. Weshalb? Welches sind die Punkte?

Heidnische Parallelen!?

Ein erster Punkt nach dem evangelisch-freikirchlichen Denken besteht in der Behauptung: Der Katholizismus habe Elemente aus dem Heidentum aufgenommen und mit dem Evangelium vermischt. Es gibt in der katholischen Praxis tatsächlich verschiedene Parallelen zum Heidentum. Einmal beim Thema „Maria als Himmelskönigin“.

Dazu lesen wir bei Jeremia: *„Gott spricht: Die Kinder sammeln Holz, die Väter zünden das Feuer an und die Frauen kneten den Teig, um Opferkuchen für die Himmelskönigin zu backen. Anderen Göttern spen-*

---

[44] Paulus nennt in seinen Briefen alle, die an Christus glauben und auf ihn getauft sind, *„Heilige“ (Röm 12,13; 16,15; 1 Kor 16,1.15; 2 Kor 1,1; Eph 1,1; Phil 1,1; 4,21f; Phlm 1,5)*. Manchmal nennt er sie auch die *„berufenen Heiligen“ (1 Kor 1,2; Röm 1,7; 2 Kor 1,1)*, die unterwegs zur Vollendung dieser Heiligkeit sind. Doch es gibt auch Heilige in der Vollendung. Die von der katholischen Kirche offiziell als “Heilige“ anerkannten Männer und Frauen, waren Menschen, die ein Leben mit herausragenden Beispielen der Vollkommenheit und Heiligkeit führten. In einem Prozess der „Kanonisierung“ untersucht die Kirche das Leben dieser Menschen sehr sorgfältig, um die Gewissheit zu erlangen, dass sie jetzt, nach ihrem Tode, beim Herrn in der Herrlichkeit sind und deswegen als Fürsprecher angerufen werden können.

det man Trankopfer, um mir weh zu tun" *(Jer 7,18)*. Da wird eine heidnische Göttin als Himmelskönigin verehrt. Eine solche Himmelskönigin gibt es auch bei den Indern: Es ist die Göttin Kali. In Ephesus wurde die Artemis als Jungfrau verehrt, die mit ihren vielen Brüsten auch eine mütterliche Figur ist. Demeter ist die griechische Muttergöttin. Athene die Schutzgöttin von Athen. Kybele, die Grosse Göttermutter, wurde in Phrygien (Kleinasien), in Griechenland; Thrakien und Rom verehrt. Nun wird gesagt: Von diesen heidnischen Quellen komme die katholische Marienverehrung, die Maria als Jungfrau und Himmelskönigin verehrt.

Es gibt noch weitere heidnische Parallelen: Katholische Gläubige haben ihre Bildstöcke, ihre Wallfahrten und bestimmte Heilige für besondere Anliegen: den hl. Christophorus für Reisen, den hl. Antonius, wenn man etwas verloren hat, die vierzehn heiligen Nothelfer, usw. Tatsache ist: Auch da gibt es Parallelen zum Heidentum. So gab es römische Götter für den Krieg, für die Diebe, für Augenkrankheiten usw. In ähnliche Weise gibt es in anderen Religionen verschiedene Götter, die bei unterschiedlichen Dingen helfen sollen.

Zum Vorwurf der Vermischung mit dem Heidentum können Äusserungen kommen wie: „Weihrauch gab es schon bei heidnischen Völkern. Christliche Feste, die eingeführt wurden, wurden auf Gedenktage gelegt, wo vorher heidnische Feste waren. Da vermischt sich der Katholizismus mit dem Heidentum."

Götzendienst!?

Ein zweiter Kritikpunkt ist der Vorwurf des Götzendienstes. Die Bibel ist voll von klaren Absagen über Götzendienst: *„Wenn du in das Land kommst, dann sollst du dich vor ihren Göttern nicht niederwerfen und dich nicht verpflichten, ihnen zu dienen. Du sollst keine Kultgegenstände herstellen wie sie, sondern sie zerstören und ihre Steinmale zerschlagen" (2 Mos/Ex 23,24)*. Diese Stelle wurde von radikalen Strömungen der Reformation wörtlich genommen. So haben sie in vielen Gegenden z. B. in Schottland, die Bilder in den Kirchen zerstört in der Überzeugung: „Wir reinigen das Haus des Herrn, denn dies ist Götzendienst!"

Totenbeschwörung!?

Der dritte Vorwurf: Wer versucht mit Menschen (Heiligen), die gestorben sind Kontakt aufzunehmen, vollzieht eine Art von Totenbeschwörung. Das bekannteste biblische Beispiel ist König Saul, der zur

Totenbeschwörerin von Endor geht. Das wird ihm als schwere Sünde, als Treulosigkeit Gott gegenüber angerechnet: *„So starb Saul wegen der Treulosigkeit, die er gegen den Herrn begangen hatte. Er hatte das Wort des Herrn nicht befolgt und den Totengeist befragt, um Auskunft zu suchen." (1 Chr 10,13)* Das Gespräch mit Toten suchen und sie bitten Einfluss zu nehmen, kann als praktizierte Nekromantie betrachtet werden.[45]

Mittler ist allein Jesus!

Ein vierter Kritikpunkt ist das biblische Argument: *„Einer ist Gott, einer auch Mittler zwischen Gott und den Menschen, der Mensch Christus Jesus" (1 Tim 2,5).* Wenn Christus Jesus der einzige Mittler ist, dann brauchen wir keinen Anderen mehr, denn wir haben durch Jesus direkten Zugang zum Vater. Wozu dieser Umweg über Maria und die Heiligen?

Dazu kommt noch die Aussage, inspiriert vom Prinzip „Sola scriptura": Wenn Gott Heiligen- und Marienverehrung wichtig wäre, weshalb steht nirgends in der Bibel, dass man auch mit den Heiligen sprechen kann, dass Maria für uns bitten kann?

Fazit: Diese protestantische Kritik an der katholischen Heiligenverehrung hat dazu geführt, dass die ganze evangelisch-freikirchliche Tradition die Heiligenverehrung bis heute weitgehend ablehnt.

Katholische theologische Sicht der Heiligenverehrung

Die katholische Tradition und Theologie kann und will diese Punkte gar nicht widerlegen. Sie teilt nur die Folgerungen nicht, die daraus geschlossen werden. Die katholische Theologie würde vielmehr sagen: Wir sprechen nicht vom Gleichen! Wir sehen das in einem anderen Licht.

Hier muss vorab eine Unterscheidung getroffen werden: Es gibt die theologische Sicht und die Praxis der Volksfrömmigkeit der Heiligenverehrung. Beides kann weit auseinandergehen. Es gibt manches an praktizierter Heiligen- und Marienverehrung, die mehr als nur frag-

---

[45] Das Wort Nekromantie leitet sich vom griechischen nekros (Leiche) und mantis (Weissager) ab. Die Totenbeschwörung, auch Nekromantie und Totenorakel genannt, ist eine Form des Spiritismus, die durch Rituale Kontakt mit Geistern der Verstorbenen anstrebt, was Einblicke in die jenseitige Welt, Problemlösungen oder Einsichten in zukünftige Ereignisse bringen soll (Mantik). Die Totenbeschwörung kommt in Stammesreligionen vor, in denen es neben einem Ahnenkult auch die Vorstellung gibt, dass die Vorfahren zeitweilig unter den Lebenden präsent sind. Zur sogenannten Kontaktaufnahme können Methoden wie z. B. das Gläserrücken und das Pendeln Anwendung finden, wie auch die Verwendung eines Ouijabrettes oder einer Planchette.

würdig ist. Deshalb: Wie sieht die katholische theologische Sicht in Bezug auf die genannten Kritikpunkte aus?

Heidnische Parallelen? – Jesus ist doch die Erfüllung aller tiefen menschlichen Ahnung!

Die katholische Theologie fragt: Heidnische Parallelen? Warum soll das ein Problem sein? Gott ist doch viel grösser! Jesus ist der Urgrund der ganzen Schöpfung, denn *„ … alles ist durch ihn und auf ihn hin geschaffen“ (Kol 1,16).* Jesus ist die Erfüllung aller tiefen Menschheitsahnungen, die es in den Völkern schon gibt. Denn *„in ihm sind alle Schätze der Weisheit und Erkenntnis verborgen“ (Kol 2,3).*

Diese Idee denkt Justin der Märtyrer im 2. Jahrhundert konsequent durch. Er sagt, wenn andere Philosophen etwas erkannt haben, das wahr ist, dann scheint darin eine Ahnung der Fülle der Wahrheit auf, die in Jesus offenbar wurde. Wenn Sokrates, 400 vor Christus darlegt, dass es besser ist für eine gute Sache zu sterben als seinem Gewissen untreu zu werden, dann hat er etwas Wahres erkannt.

Die Kirchenväter (die Theologen in den ersten Jahrhunderten) gehen davon aus, dass es auch in der griechischen Philosophie und Mythologie schon Ahnungen gibt, die auf Jesus hin zielen und in Ihm die Erfüllung finden. Wenn es deshalb in heidnischen Religionen die Erwartung gibt, dass ein Retter von einer Jungfrau geboren wird, dann folgt daraus nicht, dass Maria deswegen keine Jungfrau gewesen sein kann! Die Frage ist vielmehr: Wie kommen die heidnischen Religionen zu einer solchen Aussage? Katholische Christen sagen: Sie haben etwas Richtiges vorausgeahnt.

Vielleicht hilft das folgende erfundene Beispiel, um die unterschiedlichen Sichtweisen zu verdeutlichen: Ein Missionar arbeitet in einem abgelegenen, afrikanischen Stamm. Bei diesem Stamm gibt es die Sage, dass eines Tages aus der Sonne ein Mann geboren wird, der ihr Retter sein werde. Wie kann der Missionar darauf reagieren? Er kann sagen: Das ist alles Quatsch! Das haben die Dämonen euren Ahnen eingeflüstert. Er kann aber auch sagen: Es stimmt! Es kommt ein Retter und dieser Retter ist Jesus Christus. Die erste Antwort zeichnet krass den Kontrast. Das wäre eher die evangelisch-freikirchliche Denkweise. Die zweite Antwort versucht das verbindende zu benennen. Das wäre eher die katholische Denkweise.

In der Abtei Corvey im Gebiet in England gibt es ein Fresko etwa aus dem Jahr 815 nach Christus. Es zeigt in einer christlichen Kirche Odysseus. Odysseus ist eine legendarische Gestalt von Homer, der durch die ganzen Meere reist und viele Irrfahrten erlebt. Was hat das in einer christlichen Kirche zu tun? Die evangelisch-freikirchliche Denkweise könnte sagen: Was für eine Vermischung mit dem Heidentum! Doch die Leute damals dachten: Odysseus ist das Sinnbild der menschlichen Irrfahrt, die in Jesus die wahre Heimat findet. Um dies zu verdeutlichen haben sie über die Gestalt von Odysseus christliche Bezüge zu Jesus gebaut.

Wir können darüber unterschiedliche Meinungen haben. Doch es war die überwiegende Meinung der alten Kirche, dass es Menschheitsahnungen, Einsichten, Erzählungen und auch Mythen gibt (wie z. B. auch die Erzählung der Sintflut), die universal sind, die wir „taufen" und so für Christus beanspruchen können. Denn wenn etwas wahr und wahrhaft menschlich ist, dann ist es auch ein Teil der gesamten Wahrheit Gottes.

Götzendienst? – Verherrlichung Gottes!

Die Aussage der Schrift ist klar: Du sollst keinen anderen Gott neben mir anbeten! Katholische Christen würde sagen: Total einverstanden! Denn die Heiligen und auch Maria sind Menschen, Geschöpfe Gottes und unendlich vom heiligen, ewigen Gott unterschieden.

– In Jesus ist die Kluft zwischen Gott und der Welt überwunden

Doch zwischen Gott und der Menschheit ist Neues geschehen. Im Alten Bund ist Gott und Welt und damit Gott und der Mensch radikal getrennt. Die Möglichkeit sich Gott zu nähern war sehr beschränkt. Nur einmal im Jahr durfte der Hohepriester nach klar vorgeschriebenen Reinigungsriten ins Allerheiligste.

Im Neuen Bund ereignet sich nun radikal Neues: Gott wird in Jesus von Nazaret ein wahrer Mensch. In Ihm wird der Himmel mit der Erde verbunden. Diese Verbindung ist nicht auf Jesus allein beschränkt, denn Er erwählt sich ein priesterliches Volk, in dem Er weiterlebt und weiterwirkt. So gibt es von Anfang an ein Volk, eine Gemeinde, die Kirche, welche diese Verbindung zwischen Himmel und Erde weiterführt. Auf diese Verbindung weist auch Jesus hin, der zu den Aposteln sagt: *„Alles, was ihr auf Erden binden werdet, das wird auch im Himmel gebunden sein und alles, was ihr auf Erden lösen werdet, das wird auch im Himmel gelöst sein" (Mt 18,18).* Oder wenn Jesus zu den Aposteln sagt: *„Wer euch hört, der hört mich" (Lk 10,16).* Gott wirkt also durch Menschen.

Papst Benedikt XVI. schreibt in seiner ersten Enzyklika: „Immer neu geht der Herr auf uns zu – durch Menschen, in denen er durchscheint; ...“ (Über die christliche Liebe, Nr. 17). Gottes Licht spricht uns durch Menschen an. Menschen, in denen Gottes Licht lebt, vermitteln uns Seine Gegenwart und ziehen uns an. Heilige werden deswegen oft mit einem Heiligenschein dargestellt. Das zeigt bildhaft, dass der Heilige Gott aus ihren Augen und aus ihrem Wesen strahlt. Deshalb wirken Heilige anziehend auf Andere, weil sie in solchen Menschen Gott begegnen.

Das ist ein erster Punkt bei der katholischen Heiligenverehrung: Es geht um das Heil Gottes, das in diesen Menschen aufstrahlt. Wenn wir Heilige ehren, dann ehren wir das, was Gott in ihnen gewirkt hat und wirkt. Wir rühmen Sein Wirken in diesen Menschen, das uns anzieht. Bewundernswerte Zeugen des Glaubens, Märtyrer, ... ob sie noch leben oder tot sind, geben uns durch ihr Vorbild Mut und Kraft. Solche Heilige und unzählige Märtyrer gibt es in allen Kirchen. Dieser Form der Heiligenverehrung können sich weitgehend alle Christen anschliessen.

Die Fürbitte der Heiligen

Heilige können uns auf unserem Glaubensweg helfen. Zuerst durch ihr Vorbild, dann aber auch nach der katholischen Theologie durch ihre Fürbitte. Damit wir dazu einen Zugang finden können, muss vorgängig eine Sichtweise offen sein. Es geht um die Frage: Wo sind die verstorbenen Christen (Heiligen) jetzt?

Vorübergehend tot oder jetzt lebendig in Christus?

Zur Zeit Jesu glaubten vor allem die einflussreichen Pharisäer, dass die Toten am Ende der Zeit aus den Gräbern vom Tod auferweckt und dann gerichtet werden.[46] Darauf folgt Himmel oder Hölle. Auch Marta, die Schwester des verstorbenen Lazarus glaubt an diese Auferstehung, wenn sie zu Jesus über Lazarus sagt: *„Ich weiß, dass er auferstehen wird bei der Auferstehung am Letzten Tag“(Joh 11,24).*

Die Frage ist: Wann ist der Letzte, der Jüngste Tag? Am Ende der Zeit oder am Todestag des Betreffenden? Da können die Vorstellungen auseinander gehen. Je nachdem, ob Verstorbene vorübergehend (bis zum Ende der Zeit) als tot oder bereits jetzt als lebendig in Christus betrachtet werden, kommen wir zu anderen Sichtweisen.

---

[46] Darauf kann auch *Dan 12,13* hinweisen: *„Du aber geh nun dem Ende zu! Du wirst ruhen und am Ende der Tage wirst du auferstehen, um dein Erbteil zu empfangen.“*

Wenn die Verstorbenen jetzt tot sind, dann ist klar, dass die Heiligen (und damit auch Maria) nicht um Fürbitte angerufen werden können. Denn dies wäre Totenkult! Wer diese Sichtweise hat, kann mit der Vorstellung der Fürbitte von Heiligen und damit auch mit dem Gebet für Verstorbene nichts anfangen.

Die andere Sichtweise geht davon aus, dass sich das persönliche Gericht im Tod ereignet und Christen jetzt im Herrn weiterleben. Für diese, eher katholische Sichtweise, gibt gute es biblische Hinweise. Schauen wir einige an: Am Ende eines Streitgespräches mit Pharisäern und Sadduzäern stellt Jesus klar: *„Dass aber die Toten auferstehen, hat schon Mose in der Geschichte vom Dornbusch angedeutet, in der er den Herrn den Gott Abrahams, den Gott Isaaks und den Gott Jakobs nennt. Er ist doch kein Gott von Toten, sondern von Lebenden; denn für ihn sind alle lebendig" (Lk 20,37-38).* Jesus weist hier darauf hin, dass Abraham, Isaak und Jakob, dass für Gott die Verstorbenen *„alle lebendig"* sind.

Im Zusammenhang mit dem Tod des Lazarus sagt Jesus: *„Ich bin die Auferstehung und das Leben. Wer an mich glaubt, wird leben, auch wenn er stirbt" (Joh 11,25).* Wenn durch den Glauben an Jesus die Leben zerstörende Macht des Todes überwunden ist, dann gibt es keine Trennung von Jesus durch den irdischen Tod mehr.[47]

Diese Texte weisen darauf hin, dass (zumindest für diejenigen, die an Jesus Christus glauben) das Leben im Tod weitergeht. Wir können sagen: In der Person Jesu Christi, in Seinem Tod und Seiner Auferstehung ist der irdische Tod besiegt. Jesus ist Herr über den Tod, wie dies auch Paulus bezeugt: *„Christus ist gestorben und lebendig geworden, um Herr zu sein über Tote und Lebende" (Röm 14,9).* Das zeigt: In Jesus ist kategorial Neues gekommen. Nun gibt es das Totenreich des Alten Testamentes nicht mehr. Und: Durch Jesus den Herrn *„über Tote und Lebende"* muss es irgendwie eine Gemeinschaft zwischen den Christen, die im Himmel sind und denen, die noch auf Erden sind geben. Wie kommt es zu dieser Vorstellung?

Gemeinschaft der Heiligen

Die erste Generation von Christen glaubte, dass Jesus Christus bald in Herrlichkeit wiederkomme. Doch die Wiederkunft Christi bleibt

---

[47] Weitere Bibelstellen, welche diese Sicht bestätigen: Am Kreuz sagt Jesus zum einen Verbrecher: *„Amen, ich sage dir: Heute noch wirst du mit mir im Paradies sein" (Lk 23,43). „Heute"* und nicht erst am Ende der Zeit, wirst du ins Paradies eintreten. Auch Paulus spricht vom Sieg Christi über den Tod: *„Denn ich bin gewiß: Weder Tod noch Leben, weder Engel noch Mächte, weder Gegenwärtiges noch Zukünftiges, weder Gewalten der Höhe oder Tiefe noch irgendeine andere Kreatur können uns scheiden von der Liebe Gottes, die in Christus Jesus ist, unserem Herrn" (Röm 8,38–39).*

aus. Stattdessen erleben sie, dass einige von ihnen als Märtyrer sterben. Dazu kommen noch Richtungskämpfe in der Kirche zwischen unterschiedlichen Gruppen. Unter ihnen gibt es auch Häretiker. Das verunsichert sie. Dadurch wird eine Frage immer wichtiger: Wofür sind unsere Märtyrer gestorben?

Das führt dazu, dass sich die Christen oft in Katakomben, den unterirdischen Begräbnisstätten in Rom treffen. Sie versammeln sich dort an den Gräbern ihrer Märtyrer, die ihr Blut für Jesus vergossen haben, in der Überzeugung: Sie sind für uns der Garant, dass wir auf der richtigen Spur bleiben. So feiern sie dort Eucharistie in der Gewissheit: Die Märtyrer gehören zu uns.

Am Anfang war es vor allem eine gefühlte Gemeinschaft. Bald kamen Gebete: „Herr, denke an deine ganze heilige Kirche, an alle, die uns im Glauben voran gegangen sind, die ihr Blut vergossen haben und hier begraben liegen." Sie waren auch überzeugt, dass die Märtyrer für die lebenden Christen und für die ganze Kirche auf Erden Fürbitte bei Gott einlegen.

Darauf weist auch die Offenbarung hin: *„Als das Lamm das fünfte Siegel öffnete sah ich unter dem Altar die Seelen aller die hingeschlachtet waren wegen des Wortes Gottes und wegen des Zeugnisses das sie abgelegt hatten" (Offb 6,9).* Hier werden Märtyrer, die für Jesus gestorben sind, vor Gott aktiv: *„Sie riefen mit lauter Stimme, wie lange zögerst du noch, Herr, du Heiliger und Wahrhaftiger, Gericht zu halten und unser Blut an den Bewohnern der Erde zu rächen?" (Offb 6,10)* Hier steht, dass diese Märtyrer vor Gott dafür bitten, dass der Herr auf der Erde etwas bewirke!

Diese Verbundenheit mit den Märtyrern und ihre Verehrung führten zur Entstehung der Heiligenverehrung. Die Christen waren der Überzeugung: Wir sind eine Gemeinschaft der Heiligen, die über das Sichtbare hinausgeht. So wächst das Verständnis für das, was die katholische Theologie „Gemeinschaft der Heiligen" nennt. Dadurch erweitert sich (nach der mehr katholischen Sichtweise) der Leib Christi und erhält eine neue Dimension.[48] Die traditionelle katholische Theologie hat die Gemeinschaft der Heiligen in drei Bereiche unterteilt. Sie nennt die Gläubigen, die noch hier auf der Erde sind, die „streitende

[48] Wenn wir evangelisch-freikirchlichen Christen die Frage stellen: „Wer gehört alles zum Leib Christi?" Dann wird die Antwort in der Regel etwa so lauten: „Alle, die jetzt auf Erden leben und sich zu Jesus bekehrt haben." Stellen wir die Frage nach der Sicht der katholischen Kirche, so könnte die Antwort lauten: „Alle, die einmal im Himmel sein werden." Das heisst die vollendete Kirche, die ganze vollendete Schöpfung.

Kirche". Alle Erlösten im Himmel, die sogenannten Heiligen, werden die „triumphierende Kirche" genannt. Die Heiligen im Zustand der Reinigung (auch Fegfeuer genannt) werden die „leidende Kirche" genannt.

Paulus nennt die Kirche „Leib Christi" und ist davon überzeugt, dass wir im Leib Christi füreinander da sind: *„Wenn darum ein Glied leidet, leiden alle Glieder mit; wenn ein Glied geehrt wird, freuen sich alle anderen mit ihm" (1 Kor 12,26).* Die Erfahrung aus der „Gemeinschaft" mit den Märtyrern weist darauf hin, dass diese Gemeinschaft, das „ Füreinander-da-sein" nicht aufhört, wenn Christen sterben. Das führt zur Erkenntnis: Wenn wir unsere Mit-Heiligen auf der Erde um ihr Gebet für uns bitten können, so können wir auch die Heiligen, die bereits mit dem Herrn vereint sind, um ihr Gebet bitten. Denn wir gehören zum gleichen Leib, zur gleichen Familie.

Jesus der einzige Mittler – durch vermittelnde Gemeinschaft

In all dem ist und bleibt Jesus der einzige Mittler. Er ist die Fülle der Gnade und der Erlösung. Die Frage ist: Wie kommt Sein Heil, Seine Gnade zu uns? Wie wird sie transportiert, weitergegeben?

Ein Blick in die Bibel zeigt, dass Gott von Anfang an normale Menschen aus Fleisch und Blut in Sein Heilswerk mit einbezogen hat. Weshalb? Einzig deswegen, weil Er es so wollte! Gott liebt es, durch Menschen zu wirken. Jesus liebt es, Seine Erlöserliebe durch Menschen an andere weiter zu geben. So gehört es zu unserer Würde und zu unserem von Ihm anvertrauten Auftrag, für andere Segen und Heil zu erbitten. Gott wartet darauf, dass wir als schwache, sündige Menschen unseren Teil am Erlösungswerk wahrnehmen. Er will mit uns und durch uns Seine Gnade und Seine Wahrheit weiter geben. Wir können dies „vermittelnde Gemeinschaft" nennen.

Ein Blick auf unsere eigene Geschichte zeigt, dass keiner von uns ohne eine vermittelnde Gemeinschaft (die Kirche) zum Glauben gekommen ist. Ohne die Christen vor uns, die die Bibel aufgeschrieben haben und uns von Jesus erzählten, hätten wir nie von Ihm erfahren. Dies anzuerkennen und das Heil zu ehren, das Gott in Menschen durch Menschen vermittelt, ist kein Widerspruch zu Gottes Souveränität.

Erst von dieser „vermittelnden Gemeinschaft" und von der Sicht der „Gemeinschaft der Heiligen" über den Tod hinaus, kann verstanden werden, was die katholische Kirche mit „Fegfeuer" meint. Mehr dazu im Anhang S. 151 zum Thema: „Das Fegfeuer – der schmerzliche und reinigende Aspekt des Gerichtes".

Heiligenverehrung auf katholisch heisst: Gott ist konkret. Er handelt in und durch Menschen. Wir anerkennen dies und ehren, was Gott in und durch Menschen gewirkt hat und noch weiter wirkt. Manchmal kommt die Wirksamkeit Gottes durch Menschen erst nach deren Tod so richtig zum Tragen, wie z. B. bei Therese von Lisieux. Ihre Ausstrahlung, besser das Ausstrahlen Gottes durch sie, kam erst nach ihrem Tod so richtig zur Geltung. Doch immer geht es um die Gnade Gottes. So verherrlichen wir immer Gott und Sein Wirken, wenn wir in rechter Weise Heilige verehren.[49]

Zur Reflexion

Das protestantische Denken, speziell im Calvinismus, geht von einer scharfen Trennung aus: „Soli deo gloria" – „Gott allein die Ehre" und keinem Menschen. Deswegen dürfen wir keine Menschen abbilden und müssen solche Abbildungen (von Heiligen) vernichten, denn wichtig ist nur der Herr.

Das katholische Denken ist weniger „entweder Gott oder Mensch", sondern Gott im Menschen, weil Gott in der Menschwerdung Jesu diese Kluft überwunden hat. Gott hat eine konkrete Gemeinschaft von Menschen (die Kirche) eingesetzt und sie beauftragt Seine Sendung weiter zu führen. Die Gefahr dabei ist, dass das Menschliche zu sehr betont werden kann. Da hat zum Beispiel jemand den heiligen Antonius um Fürbitte angerufen und er hat Hilfe erfahren. Nun kann er sagen: „Der heilige Antonius hat geholfen." Doch richtiger wäre: „Gott hat auf das Gebet von Antonius geholfen." Denn immer ist Gott es, der die Gnade schenkt, auch wenn Er sie wegen dem Gebet oder der Hingabe von Menschen gibt. Katholische Christen müssen sich also fragen: Ist bei aller Betonung des Menschlichen, Gott eindeutig und klar im Zentrum als der Geber aller Gaben?

Vieles gerade im Calvinismus, kann als ein scharfes Entweder – Oder erlebt werden. Wenn Menschliches, natürliche Freude und etwas Schönes dabei ist, wird es oft gleich mit „Fleisch" und als „böse" bezeichnet, weil Gott nur Geist und Transzendenz sei. Dagegen gibt

---

[49] Das zeigt die Präfationen der Heiligen: „In Wahrheit ist es würdig und recht, dir, Herr, heiliger Vater, allmächtiger, ewiger Gott, immer und überall zu danken. Die Schar der Heiligen verkündet *deine Grösse*, denn in der Krönung ihrer Verdienste *krönst du* das Werk *deiner Gnade. Du schenkst* uns in ihrem Leben ein Vorbild, auf ihre Fürsprache *gewährst du uns Hilfe* und *gibst uns* in ihrer Gemeinschaft das verheissene Erbe." Darum ... (Die Glorie der Heiligen und die Gläubigen)

es ein schönes Zitat von Hilaire Belloc: "Wherever the catholic sun does shine there is always laughter and good red wine. At least I've always found it so, benedicamus domino" – „Wo immer die katholische Sonne scheint, gibt es immer Lachen und guten Rotwein. Zumindest habe ich es immer so vorgefunden, gepriesen sei der Herr." Man kann den katholischen Christen nachsagen, dass sie das Evangelium nicht klar verkünden, aber man kann ihnen nicht so leicht nachsagen, nicht feiern zu können. Es gibt auch eine Gnade, die Kunst und auch das Menschliche wertzuschätzen, alles, was an Schönem auch in den Kulturen da ist.

4.2. Das Besondere an Maria – Maria im Heilsplan Gottes

Evangelisch-freikirchliche Christen können fragen: „Warum sollen wir uns nun noch mit Maria beschäftigen? Wir haben doch mit Christus bereits alles! Jesus Christus ist der eine und einzige Mittler zwischen Gott und den Menschen!"[50] Ja – was kommt zu den Heiligen in Maria noch Neues hinzu?

Jeder Mensch hat im Heilsplan Gottes einen ganz bestimmten Platz. Wir nennen diesen Platz auch Berufung. Entscheidend ist es, die eigene Berufung zu entdecken, anzunehmen und zu leben. Gott in Seiner Souveränität entscheidet über Erwählung und Berufung.

Im Heilsplan Gottes gibt es Menschen, die eine Schlüsselposition einnehmen. Dazu gehört in erster Linie Maria. Sie ist einzigartig im Plan Gottes, weil sie allein die irdische Mutter Jesu ist. Darum hat sie einen einzigartigen Platz, der sie von allen Menschen unterscheidet! Deswegen ruft Elisabeth, als Maria zu ihr kommt, *"erfüllt vom Heiligen Geist … mit lauter Stimme: Gesegnet bist du mehr als alle anderen Frauen und gesegnet ist die Frucht deines Leibes. Wer bin ich, dass die Mutter meines Herrn zu mir kommt?"* (Lk 1,42–43)

Geschichtliches

Jesus hat 30 Jahre mit Seiner Mutter gelebt. Kein Mensch war Ihm so verbunden wie sie. Auch wenn Jesus sich Seinem Familienclan gegenüber geäussert hat, Maria hielt treu zu Ihm bis unters Kreuz. So

---

[50] In der Apostelgeschichte lesen wir: *„Und in keinem anderen ist das Heil zu finden. Denn es ist uns Menschen kein anderer Name unter dem Himmel gegeben, durch den wir gerettet werden sollen" (Apg. 4,12).* Auch Paulus schreibt: *„Denn einen anderen Grund kann niemand legen als den, der gelegt ist: Jesus Christus" (1 Kor 3,11).*

gehört zu Jesus Seine Mutter einfach dazu.[51] Das ist der Hauptgrund, weshalb die Marienverehrung in der gesamten Kirche 1500 Jahre lang völlig normal und natürlich war. Schon im ersten Jahrhundert, in allen christlichen Riten und Traditionen, gibt es Marienverehrung: Bei den griechisch-orthodoxen, den syrischen, den koptischen, den römisch-katholischen Christen, den ganzen alten Kirchen der ersten Jahrhunderte: Alle praktizieren Marienverehrung. In der Priszillakatakombe in Rom findet sich beispielweise eine Abbildung von Maria mit Jesuskind, sie stammt aus dem 2. Jahrhundert.

Wenn behauptet wird, dass Marienverehrung Götzendienst und heidnisch sei, dann gilt es zu bedenken: Über 95% des Leibes Christi wären fast 1500 Jahre im Götzendienst gewesen. Und während einer Zeit des Götzendienstes wäre dann auch das Neue Testament festgelegt worden.

Reformatorische Kritik

Die erste radikale Kritik an Marien- und Heiligenverehrung ist erst in der Reformation aufgetreten. Es gibt vorher lediglich kleinere Anfragen wie zum Beispiel betreff der Verehrung von Ikonen. So ging es beim byzantinischen Bilderstreit in der orthodox-katholischen Kirche während des 8. und 9. Jahrhunderts um den richtigen Gebrauch und die Verehrung von Ikonen. Eine Anfrage kam auch von Jan Hus (1369–1415), der die Fürbitte der Maria und den Heiligen ablehnte.

Luther (und auch das Augsburger Bekenntnis) sagt: Maria ist ein gutes Vorbild und die Gottesmutter leistet auch Fürbitte für uns, aber wir sollen sie nicht anrufen. Interessant ist, dass Martin Luther in der Auslegung des Magnifikat 1521, Maria "Gottes Mutter " nennt und sie "sündlos" bezeichnet. Luther bestreitet nicht, dass Maria "Königin des Himmels" sei. Gleichwohl möchte er nicht, dass man sie so nennt, "dass man den Namen nicht zu weit treibe". Luther selbst hat auch glühende Marienpredigten gehalten.[52]

---

[51] Wer heiratet tritt nicht nur mit der geliebten Person in Beziehung, sondern durch sie auch mit all denen, die zu ihr gehören: Eltern, Geschwister, Freunde ... Dann gibt es eine Schwiegermutter, ... So ist es auch bei Jesus: Wenn wir mit Jesus den Bund in der Taufe eingegangen sind und Ihn lieben, lieben wir auch all die, die zu Ihm gehören.

[52] Ausschnitt aus: Martin Luther: Das Magnificat verdeutscht und ausgelegt (1521): „Denn er hat große Dinge an mir getan, der da mächtig ist, und des Name heilig ist..." Die großen Dinge sind nichts anderes, als daß sie *Gottes Mutter* geworden ist, in welchem Werk ihr so viele und große Güter gegeben sind, daß niemand sie begreifen kann. Denn da folget alle Ehre, alle Seligkeit, und daß sie im ganzen menschlichen Geschlecht eine einzigartige Person ist über alle, der niemand (darin) gleich ist, dass sie mit dem himmlischen Vater ein Kind, und ein solches Kind hat. ... Darum hat man in einem

In der reformierten Kirche akzeptiert Zwingli die Marienverehrung, soweit sie biblisch begründet ist. Calvin lehnte jegliche Marienverehrung ab, da sie immer in der Gefahr sei, zum Götzendienst zu werden. Mit ihm stimmen auch die meisten freikirchlichen Gemeinden (Baptisten und Brüdergemeinden) überein. Maria ist zwar, wie viele andere biblische Personen auch, ein Vorbild des Glaubens und der Hingabe. Sie kann und darf aber nicht im Gebet angerufen werden.

Katholisches Verständnis von Maria

Im Verlauf der Zeit hat die katholische Kirche immer tiefer die Rolle von Maria im Plan Gottes erkannt. Mehr und mehr erkennt sie in Maria, wie in einem Spiegel, ihre eigene Berufung. Was sie dabei entdeckt und aussagt, ist ihr nicht wegen Maria als Person wichtig, sondern in Bezug auf Jesus und auf uns. Dementsprechend sind Mariendogmen grundsätzlich Jesusdogmen und Aussagen über die Kirche.

Vorbild und Urbild der Kirche

Wann immer der Herr etwas tut, braucht Er ein menschliches Gegenüber. So entdeckt die Kirche in der Erwählung von Maria, in ihrem Ja und ihrem Gehorsam Gott gegenüber immer deutlicher ihre eigene Berufung. Diese besteht darin, wie Maria Ja zu Gottes Plan zu sagen, Jesus durch den Heiligen Geist zu empfangen, Ihn in und durch uns wirken zu lassen und zu den Menschen zu bringen. Dadurch ist Maria so etwas wie der Typos der Kirche, ihr Idealbild, ihr Vorbild.

Der Kirche geht weiter auf, dass in Maria so etwas wie ein Urbild aufleuchtet. Urbild heisst: An ihr können wir sehen, wie Gott sich den Menschen ursprünglich gedacht hat, was Sinn und Ziel der Kirche ist und wie unsere Zukunft aussieht. So ist Maria wie ein „Vormodell" von jedem von uns.

Wort alle ihre Ehre begriffen, so man sie Gottes Mutter nennet. Es kann niemand Größeres von ihr noch zu ihr sagen, ... Es will auch im Herzen bedacht sein, was das sei, Gottes Mutter sein. Sie schreibts auch frei Gottes Gnade, nicht ihrem Verdienst zu. Denn obwohl sie *ohne Sünden gewesen* ist, ist doch diese Gnade so außerordentlich, daß sie ihrer auf keine Weise würdig gewesen. Wie sollte eine Kreatur würdig sein, Gottes Mutter zu sein?
Es bedarf wohl auch eines Maßes, daß man den Namen nicht zu weit treibe, daß man sie eine *Königin der Himmel* nennt. Zwar ist das wahr, aber dadurch ist sie doch keine Abgöttin, daß sie geben oder helfen könne, wie etliche meinen, die mehr zu ihr als zu Gott rufen und Zuflucht haben. Sie gibt nichts, sondern allein Gott, wie folgt: "Der da mächtig ist." Damit nimmt sie doch allen Kreaturen alle Macht und Kraft und gibt sie allein Gott."

Die neue Eva

Die frühen Theologen in den ersten Jahrhunderten überlegten, wie der Neue Bund zustande kam. Dabei wird ihnen bewusst, dass Gott immer ein Gegenüber für Seine Pläne braucht. Das ging zu Beginn schief, weil Eva sich von der Schlange zum Misstrauen und Ungehorsam Gott gegenüber verführen liess.

Am Anfang des Neuen Bundes, dem Beginn der neuen Schöpfung, steht wiederum eine Frau: Maria. Gott spricht sie durch den Engel an und Maria antwortet: *„Ich bin die Magd des Herrn; mir geschehe, wie du es gesagt hast" (Lk 1,38).* Maria vertraut Gott völlig und war Ihm gehorsam. So empfängt sie Jesus durch den Heiligen Geist. Viele frühchristliche Schriftsteller sprechen voll Staunen davon, dass Gott Seinen Heilsplan vom „Ja" eines Menschen, von Maria, abhängig machte. Durch ihr „Ja" zum Plan Gottes kehrt Maria das „Nein" der ersten Eva um. Deswegen wird Maria schon in den ersten Jahrhunderten als die neue Eva bezeichnet.

Gottesgebärerin – Gottesmutter

Eine entscheidende Station ereignet sich im Jahr 431 beim Konzil von Ephesus. Damals ging es um die Frage: Ist Jesus schon als wahrer Mensch und wahrer Gott geboren oder ist er erst mit Seiner Taufe im Jordan zum wahren Gott geworden? Es gab Thesen, dass Maria nur den Menschen Jesus geboren habe. Um darzulegen, dass Jesus von Anfang an wahrer Gott und wahrer Mensch ist, geben die Bischöfe Maria den Titel „theotokos", was Gottesgebärerin, Gottesmutter heisst. Als Nebeneffekt dieser Aussage entdecken in der Folge die Christen auch die besondere Würde der Mutter Jesu. So entstehen immer mehr Bilder, die Maria mit dem Kind darstellen.

Mutter Jesu – Mutter der Kirche

Mütter haben eine besondere Beziehung zu ihren Kindern. Sie führen ihre Kinder ins Leben ein. So lehrte Maria den kleinen Jesus die vielen Dinge des Lebens zu sehen und zu verstehen. Später tritt Maria ganz hinter die Sendung Jesu zurück und unterstützt sie.

So begleitet sie als Mutter ihren Sohn auch auf dem Weg zum Kreuz. Am Kreuz sagt Jesus etwas Bemerkenswertes: *„Als Jesus seine Mutter sah und bei ihr den Jünger, den er liebte, sagte er zu seiner Mutter: Frau, siehe, dein Sohn! Dann sagte er zu dem Jünger: Siehe, deine Mutter!" (Joh 19,26–27a).* Jesus vertraut am Kreuz, Maria, Johannes an. Offensichtlich hat der Apostel Johannes, der Autor des Johannesevangeliums, sein Leben später mit Maria, der Mutter Jesu verbracht. Das heisst, zwischen den Aposteln, die Jesus beruft, und Seiner irdischen Familie gibt es eine Kontinuität.

Der „*Jünger, den Jesus liebte*“ spielt im Johannesevangelium eine besondere Rolle. Warum schreibt Johannes nicht einfach, das war ich, Johannes. Für was oder wen steht der Jünger? Jesu letzte Worte haben sicher mehr zu bedeuten, als dass Er die Alimente für Seine Mutter am Kreuz noch regelt. Die katholische Kirche sagt: Jesu letztes Handeln am Kreuz besteht darin, Seinen treuen Nachfolgern eine Mutter, nämlich Maria, zu geben. Der „*Jünger, den Jesus liebte*“ steht für jeden von uns. Damit gibt Jesus Seine Mutter der kommenden Kirche als Mutter.

Nach der Auferstehung ist Maria mit den Aposteln und den ersten Jüngerinnen und Jüngern zusammen. Diese werden sie vieles über Jesus gefragt haben. So beginnt ihre geistliche Mutterschaft für die Kirche. Ihr mütterlicher Dienst zeigt sich auch vor Pfingsten: Sie betet mit den Aposteln, den Jüngern und den Frauen um die Erfüllung mit dem Heiligen Geist. Katholische Christen sagen: Hier zeigt sich die Kirche als Familie und Maria ist als Mutter der Kirche selbstverständlich dabei.

Woher hat Jesus Seine menschliche Natur?

Ein Mariendogma sagt, dass Maria frei von Sünde sei. Wie kommt es zu dieser Aussage? Dahinter steht die Frage nach der menschlichen Natur Jesu. Aus Maria hat Jesus, als der präexistente „eingeborene Sohn“, wie wir Ihn im Glaubensbekenntnis bekennen, etwas erhalten, was Er vorher nicht hatte, nämlich Seine menschliche Natur.

Hat Jesus als Mensch nun eine sündhafte oder sündenlose menschliche Natur? Wenn Jesus eine von Sünde unbefleckte, menschliche Natur hat, dann stellt sich die Frage: Wie kommt Er dazu? Diesem Gedanken sind die katholischen Theologen seit ein paar hundert Jahren nachgegangen und kamen zu dem einzigen möglichen Schluss: Irgendwie muss Maria ohne Sünde gewesen sein, sonst hätte Maria eine von Sünde durchdrungene, befleckte Natur an Jesus weitergegeben.

Wie kann Maria zu einer sündenlosen Natur kommen, da erst Jesus der Erlöser ist? Nun sagt die katholische Kirche: „Die sündenlose Natur kann nur von Jesus kommen. Jesus hat Maria vorerlöst“. Nicht weil Maria so speziell ist, sondern weil Gott es so wollte, nimmt Er das, was Jesus am Kreuz erworben hat, die Erlösung und die neue Schöpfung, und gibt dies Maria im Voraus. Wir können sagen: Weil Gott so heilig ist, hat Er in Maria für Seinen Sohn ein reines „Gefäss“ vorbereitet. Dies wird Unbefleckte Empfängnis genannt: Gott hat Maria, bei ihrer Zeugung durch Joachim und Anna (Eltern von Maria), gnadenhaft vom Makel und Defekt der Erb-Schuld bewahrt. Dadurch ist Maria so, wie Gott den Menschen im Ursprung gemacht hatte: das „unverdorbene Konzept“ Mensch.[53]

Maria – aufgenommen in den Himmel

Es gibt die alte, christliche Tradition, dass Maria, ähnlich wie Henoch oder wie Elija nicht gestorben sei. Tatsächlich hat man nirgends ein Grab von Maria gefunden. Es gibt von den Aposteln und von allen wichtigen Heiligen in den ersten, zweiten, dritten Jahrhunderten Gräber. Es gibt sogar von den Patriarchen Gräber, aber keines von Maria. Um genau zu sein: Es gibt den Ort in Jerusalem, wo Maria eingeschlafen ist: Dormitio Mariens, aber kein Grab.

Das führt zu einem weiteren Dogma: Maria wird am Ende ihres Lebens von Jesus mit Leib und Seele, das heisst mit ihrer ganzen Lebensgeschichte, in die Herrlichkeit des Himmels aufgenommen. Wie kommt man auf diese Vorstellung?

Maria wird durch ein freies Gnadengeschenk Gottes von der Sünde bewahrt. Die Aufnahme Mariens ist die logische Konsequenz davon. Paulus schreibt: *„Der Lohn der Sünde ist der Tod“ (Röm 6,23).* Da durch die Sünde der Tod in die Welt kam und Maria durch die Gnade Jesu Christi davon bewahrt wurde, hat sie auch nicht die Konsequenz der Sünde, den Tod, in der Weise erfahren müssen, wie wir ihn erleben. Auch hier gilt: dass Maria im Voraus einen Aspekt der Erlösung erfahren hat, der allen Gläubigen verheissen ist: die Verherrlichung des ganzen Seins am Ende des Lebens bei Gott, *(Vgl. 1 Kor 15).* Sie zeigt, worauf wir alle zugehen.

Maria als die „Frau“

Im Johannesevangelium ist der Text hochtheologisch konstruiert. Dort gibt es noch eine beachtenswerte Szene mit Maria: die Hochzeit

---

[53] Die Lehre von der Unbefleckten Empfängnis wurde 1854 definiert. Sie nimmt Bezug auf das Wort des Engel Gabriels: Du bist *„voll der Gnade (du Begnadete)“ (Lk 1,28).* Der Glaube an Mariens Sündenlosigkeit zeigte sich schon früh in der Geschichte der Kirche. Im vierten Jahrhundert sprach der heilige Ambrosius von Maria als *„frei von jedem Makel der Sünde“.*
Dazu sagt der Katechismus der Katholischen Kirche 492: „Dass sie vom ersten Augenblick ihrer Empfängnis an im Glanz einer einzigartigen Heiligkeit erstrahlt, kommt ihr nur wegen Christus zu. Sie wurde im Hinblick auf die Verdienste ihres Sohnes auf erhabenere Weise erlöst. Mehr als jede andere erschaffene Person hat der Vater sie mit allem Segen seines Geistes gesegnet durch die Gemeinschaft mit Christus im Himmel *(vgl. Eph 1,3).* Er hat sie erwählt vor der Erschaffung der Welt, damit sie in Liebe heilig und untadelig vor ihm lebe. *(Vgl. Eph 1,4).*“

zu Kana. Es ist das erste Wunder, bei dem Jesus Seine Herrlichkeit offenbart. Wie kommt es dazu? Maria sieht die Not des Brautpaares und so bittet Maria Jesus zu handeln. Sie vertraut, dass Jesus etwas tut. Deshalb sagt sie zu den Dienern: *„Was er euch sagt, das tut!"* *(Joh 2,5)*. Das führt zum ersten Zeichen der Herrlichkeit Jesu, zu 600 Litern feinsten Wein!

Bemerkenswert ist: Bei Hochzeitsfeiern war damals der Bräutigam für den Wein verantwortlich. Wer gibt hier den Wein? Jesus! Folglich ist Er der wahre Bräutigam, der uns den Wein, die Liebe Gottes, schenkt.

Weiter fällt auf, dass Jesus Seine Mutter hier wie unter dem Kreuz mit „Frau" anredet: *„Was willst du von mir, Frau?"* *(Joh 2,4)* Das wirkt auf den ersten Moment distanzierend. Doch vielleicht nimmt hier Johannes Bezug auf die erste Aussage über diese „Frau" in der Schrift: Im Buch Genesis sagt Gott zu der Schlange (Satan) nach dem Sündenfall: *„Feindschaft setze ich zwischen dich und die Frau, zwischen deinen Nachwuchs und ihren Nachwuchs. Er trifft dich am Kopf, und du triffst ihn an der Ferse" (1 Mos/Gen 3,15)*. Der Nachwuchs der Frau (Maria) ist Jesus, welcher kam, um der Schlange den Kopf zu zertreten und so Satan und seinem Werk eine endgültige Niederlage zu bereiten. Dieser Text wird als Proto-Evangelium, erstes Evangelium, bezeichnet.

In der Offenbarung spricht Johannes noch einmal von der Frau in einer prophetischen Vision: *„Dann erschien ein großes Zeichen am Himmel: eine Frau, mit der Sonne bekleidet; der Mond war unter ihren Füßen und ein Kranz von zwölf Sternen auf ihrem Haupt. Sie war schwanger und schrie vor Schmerz in ihren Geburtswehen. … Der Drache stand vor der Frau, die gebären sollte; er wollte ihr Kind verschlingen, sobald es geboren war. Und sie gebar ein Kind, einen Sohn, der über alle Völker mit eisernem Zepter herrschen wird. Und ihr Kind wurde zu Gott und zu seinem Thron entrückt." (Offb 12,1–2.4b–5)* Die Frau steht als prophetisches Bild zuerst für Israel und für die Kirche. Im Zuge dessen kann es auch als ein Bild für Maria verstanden werden.

Die prophetische Dimension: Marienerscheinungen

Zu Maria im Heilsplan Gottes gehört auch die Frage der Marienerscheinungen. Hier kommen wir zu einem Thema, das selbst in der katholischen Kirche vielfältige Diskussionen hervorruft. Evangelisch freikirchliche Christen lehnen in der Regel Marienerscheinungen und Botschaften rundweg ab mit der Begründung, dass dies das Werk von Dämonen sei.

Vorab sei klar gesagt: Es gibt im Bereich von Privatoffenbarungen, Erscheinungen und Visionen unzählig viel Problematisches, Falsches, Verkehrtes und auch Dämonisches. Viel „Mist“ kann Menschen absorbieren und davon abhalten, das Wort Gottes zu betrachten und zu leben. Dennoch darf das Kind nicht mit dem Bad ausgeschüttet werden. Wie kann eine Unterscheidung getroffen werden?

Wir lesen in der Schrift, dass Jesus Paulus erschienen ist und zu ihm gesprochen hat. Solche Privatoffenbarungen und Erscheinungen sind durch die ganz Kirchengeschichte bezeugt. Heute hören wir von vielen Muslims, die sich bekehren, dass ein entscheidender Punkt auf dem Weg zu Jesus eine Erscheinung gewesen sei. Dass Jesus erscheinen kann, ist klar. Können dies aber auch Menschen in Seinem Auftrag?

Eine positive Antwort auf diese Frage können wir gedanklich nur erwägen, wenn wir glauben, dass die Heiligen jetzt lebendig in Christus sind. Wenn wir glauben, dass die Verstorbenen jetzt tot sind, dann ist klar, dass Maria nicht erscheinen kann, und dass es sich bei sogenannten Marienerscheinungen um verkleidete Dämonen, um okkulte Phänomene, um Halluzinationen oder sonst ein parapsychisches Phänomen handelt.

Doch dass Menschen erscheinen können, zeigt die Szene auf dem Berg Tabor bei der Verklärung Jesu: Mose und Elija, die vor Jahrhunderten gestorben sind, reden mit Jesus: *„Und plötzlich redeten zwei Männer mit ihm. Es waren Mose und Elija; sie erschienen in strahlendem Licht und sprachen von seinem Ende, das sich in Jerusalem erfüllen sollte“ (Lk 9,30–31).*[54]

Die katholische Kirche ist der Ansicht, dass neben Mose und Elija auch andere Personen im Auftrag Gottes erscheinen können, um den Menschen in konkreten Situationen zu helfen, denn Gott hört nicht auf, Sein Volk zu führen und ihm vom „Himmel“ her beizustehen. Wie Gott immer wieder Propheten berufen hat, um das Volk zur Umkehr zu rufen, so vergleicht die katholische Kirche die von ihr anerkannten Marienerscheinungen als “prophetische Botschaften“. Sie sind Ausdruck der Sorge und Liebe einer Mutter um ihre Kinder, die sie zur Umkehr ruft und ihrem Sohn, dem Erlöser der ganzen Menschheit zuführen möchte.

Marienerscheinungen sind Privatoffenbarungen. Die katholische Kirche erwartet von ihren Mitgliedern nicht, die als echt anerkannten

---

54 Interessant ist in diesem Zusammenhang, was sich beim Tod Jesu ereignete: *„Die Gräber öffneten sich, und die Leiber vieler Heiligen, die entschlafen waren, wurden auferweckt. Nach der Auferstehung Jesu verliessen sie ihre Gräber, kamen in die Heilige Stadt und erschienen vielen“ (Mt 27,52–53).* Weshalb erscheinen sie? Haben sie eine Aufgabe?

privaten Offenbarungen anzunehmen und zu glauben. Doch lädt sie alle ein zu prüfen, ob darin ein persönlicher Anruf Gottes für sie enthalten ist.

Papst Benedikt XVI. sagt zu den Privatoffenbarungen: Diese „sind nicht dazu da, die endgültige Offenbarung Christi … zu ‚vervollständigen', sondern sollen helfen, in einem bestimmten Zeitalter tiefer aus ihr zu leben". („Nachsynodales Apostolisches Schreiben Verbum Domini" vom 30. Sept. 2010, Kap. 14) Sie sind also eine Art *„Nachhilfestunden im Glauben"*.[55]

Prophetien müssen immer geprüft werden. Jesus nennt in der Bergpredig ein wichtiges Kriterium: die Früchte! *„Hütet euch vor den falschen Propheten; sie kommen zu euch wie (harmlose) Schafe, in Wirklichkeit aber sind sie reißende Wölfe. An ihren Früchten werdet ihr sie erkennen. Jeder gute Baum bringt gute Früchte hervor, ein schlechter Baum aber schlechte." (Mt 7, 15–17)*

In den meisten anerkannten Erscheinungen ruft Maria als Botin und Dienerin Gottes die Gläubigen beständig zu Gebet, Busse und Bekehrung zu Gott auf. *„Was er euch sagt, das tut!" (Joh 2,5b).* Das ist das Ziel aller echten Marienerscheinungen. Alle Heiligen und auch Maria wollen nur das, was sie selbst in ihrem Leben getan haben, nämlich, dass wir uns ganz an Jesus Christus halten und uns Seiner Gnade öffnen. Wenn diese Früchte wachsen, können sie darauf hinweisen, dass Maria im Auftrag Gottes erschienen ist und ihre Botschaft von Gott kommt.

Im Anhang befindet sich auf Seite 155 eine kurze Information über: „Die wichtigsten Marienerscheinungen".

Wallfahrsorte

Es gab durch die ganze Zeit des Volkes Gottes „Orte", wo Gott in besonderer Weise gehandelt hat. Meist wurden im Alten Testament dort zur Erinnerung Altäre gebaut. Für Israel war der Tempel in Jerusalem der Ort der besonderen Gegenwart Gottes. Darum zogen die Israeliten mehrfach jährlich nach Jerusalem hinauf, um dort Gott zu opfern und anzubeten. Die Freude auf diesen Wallfahrten bezeugen viele Psalmen.

---

55 Grundsätzlich können Prophetien, Visionen, Erscheinungen von Personen oder Engel echt oder unecht sein. Darum müssen sie geprüft werden. Wenn die Kirche nach der Prüfung zu einem positiven Ergebnis kommt, sagt sie nur, dass der Inhalt der Botschaft nicht im Widerspruch zur offenbarten Glaubenswahrheit steht. Es wird also keine Aussage darüber getroffen, ob die jeweilige Privatoffenbarung tatsächlich übernatürlichen Ursprungs ist, dies bleibt vielmehr dem Glauben des Einzelnen überlassen.

Im Neuen Testament sind Jesus und die gläubige Gemeinde zum besonderen „Ort“ der Gegenwart Gottes geworden. Dennoch aber waren in der frühen Kirche auch Orte wichtig, wie z. B. die Gräber der Märtyrer. Dazu gehören auch die Orte des Wirkens Jesu, die wir bis heute auch das „Heilige Land“ nennen, wo viele Jesus näher kommen und besser verstehen.

Auch heute gibt es „Orte“ der besonderen Gegenwart Gottes. Wer einige Tage in Taizé mitlebt, erfährt, dass er durch die Atmosphäre des Ortes und der Brüdergemeinschaft ein Stück weit „wie hineingezogen wird in die Stille und das Gebet“. Ähnliches erleben viele an christlichen Kongressen und Treffen. Durch die Präsenz vieler Gläubigen und die Anbetung Gottes wirkt Gott oft viel stärker als anderswo.

Orte, wo der Herr viel verherrlicht und angebetet wird, „strahlen“ eine Präsenz Gottes aus. Dort fällt es vielen Menschen leichter sich Gott zu öffnen.[56] Vergleichbares gilt für Wallfahrtsorte. Menschen können dort eine Atmosphäre wahrnehmen, die sie tiefer zu Gott hinführt. Etwas von dem, was Gott hier durch Maria bewirkt hat, kann bleibend gegenwärtig bleiben. Menschen können durch solche Ereignisse einen Zugang zu Maria finden, die alle zu Jesus ihrem Sohn hinführen möchte. In dem Zusammenhang kann man eine Aussage hören, die viele befremdet: *„Durch Maria zu Jesus“*. Damit ist gemeint, dass Menschen zu Maria einen Zugang haben und Maria sie an ihrer Hand zu Jesus Christus führt.[57]

Wallfahrtsorte lösen aber auch kritische Anfragen aus. Einerseits ist an fast allen Orten viel Kommerz da. Ein Wallfahrtsort kann Geld bringen, das nützen immer auch Menschen aus. So wie Jesus im Tempel im heiligen Bezirk aufgeräumt hat, ist dies eine bleibende Aufgabe der Wallfahrtsorte.

---

[56] Solche Orte der besonderen Präsenz Gottes wollen auch die katholischen Kirchen sein. Dort wird die besondere Präsenz Jesus Christi im Tabernakel durch ein brennendes Licht angezeigt. Sie sind, wie früher der Tempel in Jerusalem, Gott geweiht und sollen Orte des Gebetes sein.

[57] Gott hat viele Wege, um Menschen an sich zu ziehen, weil die Menschen auch ganz unterschiedlich sind. Als Zugangswege zu Ihm kann er fast alles benutzen: die Schöpfung, Ereignisse des Lebens und der Geschichte. Oft benutzt er Bücher, besonders das Wort Gottes. Oft aber sind es Menschen, in denen etwas von Ihm aufscheint, die andere anziehen. So waren Johannes und Andreas zuerst Jünger von Johannes dem Täufer, der sie dann aber auf Jesus hinweist und sie Ihm anvertraut *(vgl. Joh 1, 35-39)*. Vergleichbares kann auch durch Maria geschehen. Für Menschen, die sich mehr zum Mütterlichen als zum Väterlichen hinzugezogen fühlen oder durch Ereignisse rund um einen Wallfahrtsort, kann Maria zum Weg zu Jesus werden. Entscheidend ist, dass sie nicht bei Maria bleiben, sondern mit ihr Jesus anbeten!

Gravierender ist, dass Maria oft zu sehr im Zentrum steht und nicht Jesus Christus. Das kann sich auch in einer übertriebenen Frömmigkeit zeigen, die Maria oder bestimmte Heilige (fast) mehr ehren und lieben als Jesus Christus. Manchmal wird auch sprachlich einiges unklar definiert, sodass gewisse Gebete fast eine Anbetung Marias ausdrücken. Und dennoch: Wie Weizen mitten unter dem Unkraut wachsen kann, so geschehen an Wallfahrtssorten viele Bekehrungen. Menschen erhalten neue Stärkung und neue Impulse für ihr Glaubensleben.

4.3 Ökumenische Perspektive im Umgang mit Heiligen- und Marienverehrung

Die Geschichte lehrt uns, dass die Heiligen- und Marienverehrung schon sehr bald einfach dazugehörten. So stammt das früheste Gebet, das als Bitte an Maria gerichtet und uns heute bekannt ist, aus dem späten 3. Jahrhundert. In dieser Zeit wurde die Christenheit blutig verfolgt. Dieser Ruf könnte demnach ein Hilfeschrei der Märtyrer unter Kaiser Diokletian (244-313) gewesen sein: „Unter deinen Schutz und Schirm fliehen wir, heilige Gottesmutter. Verschmähe nicht unser Gebet in unseren Nöten, sondern errette uns jederzeit aus allen Gefahren."

Die Tatsache der frühen geschichtlichen Marienverehrung bedeutet nicht, dass wir deswegen jede Praxis der katholischen Marienfrömmigkeit gut finden müssen. Es gab und gibt Missbräuche. Davor dürfen wir nicht die Augen verschliessen und diese gilt es auch zu benennen. So gibt es auch eine berechtigte evangelisch-freikirchliche Kritik.

Es ist aber auch so, dass sich in der deutschsprachigen katholischen Kirche die Praxis in dieser Frage bei vielen Christen geändert hat. Maria und die Heiligen haben bei den meisten katholischen Christen nicht mehr den Stellenwert wie vor 50 Jahren. Dennoch ist es gut, wenn sich katholische Christen die Frage stellen:

Wie christuszentriert ist die katholische Marien- und Heiligenverehrung in der Realität?

Theologisch ist klar, dass Maria nicht angebetet werden darf, und dass Gott alles vollbringt und für alles sorgt, was wir Menschen brauchen. Auch wenn Er in Seinem Plan entschieden hat, uns Seinen Geschöpfen Anteil an Seinem Werk zu geben, ist und bleibt Jesus der einzige Hohepriester *(vgl. Hebr 8,1)*. Doch Er nennt uns ein „priesterliches Volk" und damit lädt Er uns ein, an Seinem Priestertum Anteil zu haben *(vgl. 1 Petr 2,9).* Damit gibt Er uns auch Anteil an Seiner Mittlerschaft, indem Er uns befähigt, füreinander zu beten.

Jesus, Maria und die Heiligen stehen nie in Konkurrenz zueinander. (Sie verstehen sich bestens!) Das Problem ist nicht im Himmel, sondern bei uns, wenn die Rollen von Maria und Jesus durcheinander gebracht werden. Es können falsche Vorstellungen da sein wie z. B.: „Wir gehen jetzt zu Maria, weil der Weg zu Jesus versperrt ist und sie uns besser versteht als Jesus." Das ist biblischer Unsinn.

Maria und Heilige dürfen nie zu einem Ersatz für unsere Hingabe werden. Ihr Dienst besteht darin, uns im Vertrauen auf Gott und in der Hingabe an Jesus zu unterstützen. Unser Gegenüber ist immer der Dreifaltige Gott. Maria als Schwester und Mutter, auch wenn sie einzigartig von Gott beschenkt wurde, gehört immer an unsere Seite als Geschöpfe Gottes und als Glieder am Leib Christi. Wenn die Rollen von Maria (der Heiligen) und Jesus durcheinander gebracht werden, liegt das Problem meistens darin, dass diejenigen Menschen Jesus Christus in Seiner Grösse, Liebe, Nähe, Macht und Herrlichkeit nicht richtig kennen gelernt haben. Wer den Geist und die Kraft Jesu kennt, wird kaum die Rangordnung durcheinander bringen.

Katholische Christen müssen sich also fragen: Stimmt die Theorie - „Wir ehren die Heiligen, aber beten sie nicht an" – auch in der Praxis? Und: Betonen wir das Fundament des Evangeliums genügend?

Es gab im Lauf der Jahrhunderte Millionen, wenn nicht vielleicht sogar Milliarden von katholischen Christen, denen das Evangelium von Jesus Christus nicht klar verkündet wurde. Das ist ein grosses Problem! Erst wenn das Werk Jesu am Kreuz, die einzige Mittlerschaft Jesu Christi, die Betonung der Heiligen Schrift und Gott im Zentrum stehen, ergibt sich im Blick auf das Mitwirken der Glieder am Leib Christi, im Blick auf Maria und die Heiligen eine grosse Fülle und Weite. Wir müssen Sorge tragen, dass das Wesentliche wesentlich bleibt, notfalls darum ringen und dazu umkehren. Denn Heiligen – und Marienverehrung werden dann zur Ehre Gottes, wenn sie zentriert auf Jesus Christus, auf Gott, hin gelebt werden.

Maria lebt uns dies vor. Sie weiss, dass sie nichts aus sich selbst hat und alles reine Gnade ist, auch ihr Weiterwirken bis heute. So bekennt sie im Magnifikat: *„Meine Seele preist die Grösse des Herrn, und mein Geist jubelt über Gott meinen Retter. Denn auf die Niedrigkeit seiner Magd hat er geschaut. Siehe von nun an preisen mich selig alle Geschlechter. Denn der Mächtige hat Grosses an mir getan, und sein Name ist heilig" (Lk 1,46-49).* Weshalb werden alle Geschlechter Maria preisen. Maria gibt den Grund dafür an: „*Denn der Mächtige hat Grosses an mir getan*". Maria verweist auf Gottes Wirken und Seine Heiligkeit.

Der Schweizer Theologe Hans Urs von Balthasar schreibt im Buch „Maria für heute": „Was Maria durch die Zeiten der Kirche hindurch wünscht, ist nicht, dass wir sie als Einzelperson verehren, sondern dass wir die Tiefe der Liebe Gottes im Werk Seiner Menschwerdung und Erlösung erkennen. ... Maria kann – gerade aus vollkommener Demut – auf sich selbst zeigen, weil sie dabei auf nichts anderes zeigt als auf das, was wir anstrengen sollen, um rechte Gefässe für diese Gnade zu werden, um die eigentliche Rolle der Kirche (als Leib und Braut Christi) in ihrem Heilsauftrag für die Welt zu spielen.

Immer wieder hat bei neueren Marienerscheinungen der Rosenkranz eine Rolle gespielt; es kam vor, dass Maria die Perlen mit den Betern zusammen durch ihre Finger gleiten liess.[58] Wozu dies? Etwa damit man mit Vorliebe zu ihr bete und nicht zu Christus oder zum Vater? Im Gegenteil, damit man aus ihrer Perspektive, aus ihrem Gedächtnis auf die Mysterien des Lebens Jesu – und damit diejenigen der dreieinigen Heilsveranstaltung – blicke. Unsere Augen sind trüb und stumpf, wir müssen (man verzeihe das Bild) das Augenglas Marias aufsetzen um genau zu sehen.[59] Mit anderen Worten: Maria hat Jesus, ihren Sohn, so real erlebt wie niemand sonst. Jetzt ist sie bei Ihm in der Herrlichkeit. Sie hat deshalb einen einzigartigen Erfahrungsschatz und kennt die Tiefe der Heilsgeheimnisse Gottes. Diesen heilbringenden Blick will sie vermitteln.

Im Anhang befindet sich auf Seite 156 eine kurze Information über das „Ave Maria und den Rosenkranz".

Nun die Anfrage an evangelisch-freikirchliche Christen:

Können wir die Sicht von Kirche als Familie und die einzigartige Rolle Marias sehen?

Wir haben bereits die beiden grundsätzlichen Bilder von Kirche erwähnt: Das evangelisch-freikirchliche Kirchenbild entspricht eher der Vorstellung: Kirche entsteht immer neu und ist authentisch da, wo sich zwei oder drei im Namen Jesu versammeln. Da ist Jesus mitten unter uns, denn: *«Wo zwei oder drei in meinem Namen versammelt sind, da bin ich mitten unter ihnen» (Mt 18,20).*

---

[58] In der katholischen Tradition gibt es das Rosenkranzgebet. Der Rosenkranz ist im Wesentlichen ein meditatives Wiederholen des Lebens Jesu aus der Perspektive Marias.

[59] Hans-Urs von Balthasar: Maria für heute. S. 40.43. Verlag Herder im Breisgau 1987.

Hier kann es schnell zu Verengungen kommen. Eine besteht darum, wenn jemand sagt: „Ich und Jesus, das genügt! Ich habe direkten Zugang zu Gott und brauche niemand mehr!“ Die Verengung sprengt bereits Paulus auf, wenn er die Kirche als Leib Christi beschreibt. An diesem Leib ist jeder ein Glied. Es ist die Absicht Jesu, uns in einer geheimnisvollen Weise untereinander zu verbinden, uns in unseren Schwestern und Brüdern zu begegnen und uns durch sie zu stärken, zu bereichern, zu inspirieren, zu ermutigen, zu korrigieren, zu trösten und so weiter. Denn Jesus liebt es durch Menschen zu wirken.[60]

Das zweite Bild, das mehr der katholischen Kirche entspricht, betrachtet die Kirche als eine grosse, Generationen überspannende Familie, als Gemeinschaft der Heiligen. Die Kirche denkt in Generationen, so wie eine Familie, die Nachfahren hat und sich durch die Jahrhunderte verzweigt. In einer grossen Familie gibt es eine Kontinuität und einen Übergang von einer Generation zur Nächsten. Einen solchen Übergang gibt es zwischen der Familie von Jesus und der frühen Kirche bis heute. Dieses Bewusstsein einer Kontinuität über die Jahrhunderte, ist ein biblisches Prinzip.

Was heisst jetzt dies in Bezug auf Maria? Jesus hat eine Mutter, die Er liebt. Was möchte Jesus, wie wir über Seine Mutter denken? Was wünscht Er sich, wie wir mit Seiner Mutter umgehen? Wenn wir Seine Mutter ehren, die Ihm das menschliche Leben und die menschliche Natur geschenkt hat, dann freut Ihn das. Vielleicht würde sich Jesus freuen, wenn wir zu Ihm kommen und fragen: „Welche Beziehung möchtest Du, dass wir zu Deiner Mutter haben?“ Es ist die Aufgabe Jesu, uns zu zeigen, welchen Platz Seine Mutter in unserem Leben haben soll und welche Gnaden Er uns durch Seine Mutter geben will.

Noch etwas: Manchmal sagen evangelisch-freikirchliche Christen: „In der Bibel steht nichts über die Marienverehrung!“ Das stimmt so nicht ganz. Denn Maria sagt: *„Siehe von nun an preisen mich selig alle Geschlechter“ (Lk 1,49).* Alle Geschlechter werden Maria preisen. Dürfen wir uns davon ausschliessen?

60 Manchmal machen Menschen die Erfahrung, dass sie trotz dem treuen Gebet in einer persönlichen Schwierigkeit einfach nicht weiterkommen. Doch dann, wenn sie ihre Not anderen mitteilen und diese gemeinsam für das Anliegen beten, erfahren sie, dass Gott in verstärktem Mass handelt und dass dann mehr Kraft da ist. So will uns Gott oft das Geheimnis Seiner besonderen Gegenwart in der Gemeinschaft erfahren lassen.

Zur Reflexion

Richard Wurmbrand (1909–2001Kalifornien), ein rumänischer lutherischer Pfarrer und Gründer einer Missionsgesellschaft, hat sich sehr für die verfolgten und benachteiligten Christen eingesetzt. Einmal war er in Amerika bei einem grossen, freikirchlichen Dinner und fragte: „Hättet ihr ein Problem, wenn ihr vorne auf eure Zeitschriften Marienbilder drauf machen und wenn ihr Marienbilder an die Wände hängen würdet?" Sie antworteten: „Das geht auf keinen Fall! Das wäre ja Götzendienst!". Darauf sagte Richard Wurmbrand: „Ich finde das komisch. Der Leiter von eurem Ministry (eurer Organisation) ist auf jedem zweiten eurer Bücher abgebildet. Er ist auf den Zeitschriften abgebildet und an der Wand hängt ein Bild von ihm und damit habt ihr kein Problem?

Aber mit einem Bild der Mutter Jesu, dieser demütigen Magd, damit habt ihr ein Problem?"

Im letzten müssen wir uns alle zu Jesus Christus und zueinander, das heisst zur Kirche Jesu Christi, bekehren. Wir können den Herrn nicht privatisieren und für uns allein beanspruchen. Er hat einen Leib und die zwei Milliarden Christen kommen mit, ob wir dies wollen oder nicht. Wir dürfen unseren Blick weit machen auf eine grössere Fülle und Schönheit der Braut Christi hin.

Wenn wir unsere Denkmuster und Traditionen öffnen auf das, was der Geist uns zeigt, werden wir das authentisch Richtige bei allen Kirchen erkennen. Dazu braucht es eine Umkehr im Denken und Schauen: Weg von der Suche nach dem, was meiner Meinung nach beim Anderen falsch ist und hin zum Blick auf das, was der Heilige Geist bei den Anderen wirkt.

Wenn unser Blick hingegen davon ausgeht, dass grundsätzlich bei den Anderen das meiste falsch ist, dann ist die Wahrscheinlichkeit gross, dass wir unsere eigenen Probleme und Engstirnigkeit in die Anderen hineinprojizieren. Möge uns der Heilige Geist davon bewahren und uns immer mehr Seine Sicht schenken.

Gemeinsam vorwärts gehen!

Ein jüdischer Reiseleiter in Israel beeindruckte durch seine Kenntnis des Neuen Testamentes so sehr, dass man ihn fragte: „Wenn Sie sich dort besser als viele Christen auskennen, warum werden Sie eigentlich kein Christ?“ Und seine Antwort: „Was sollte ich denn werden? Es gibt über 500 verschiedene christliche Konfessionen, die sich teilweise auch noch bekämpfen, indem sie sich gegenseitig absprechen, die Wahrheit über Jesus zu verkünden!“ Damit hat der Jude eines der wesentlichsten Hindernisse beschrieben, warum nicht mehr Menschen Christen werden.

Um die Überwindung dieses Hindernisses hat bereits Jesus gebetet: *„Alle sollen eins sein: Wie du, Vater, in mir bist und ich in dir bin, sollen auch sie in uns sein, damit die Welt glaubt, dass du mich gesandt hast“ (Joh 17,21). „Damit die Welt glaubt …“* Wie kann diese Einheit wachsen? Wie können wir gemeinsam vorwärts gehen!

Die bisherigen Impulse dieser Schrift zeigen, dass vieles in Bezug auf die Wahrheit des Evangeliums vielfältig und komplex ist. So können historische und theologische Aufdeckung der Beweggründe, sowie die wahren Anliegen aller Seiten, die zur Trennung führten, helfen, das „goldene Korn“ in der Tradition und im Verhalten der Anderen zu entdecken. In der Haltung des Wohlwollens werden wir zudem einander besser verstehen und dort, wo das gegenseitige Verständnis auf Grenzen stösst, einander respektieren. Wir werden nicht immer übereinstimmen, aber wir nehmen an, dass alle Irrtümer, die wir im Leben oder der Lehre anderer Gläubigen wahrnehmen, „ehrliche“ Irrtümer sind, auch wenn sie Folge von menschlicher Schwachheit und Sünde sind.

Dies allein genügt nicht. Wir sind überzeugt, dass der Herr uns in der heutigen Situation einlädt, unser Herz neu füreinander zu öffnen, Seine Liebe für alle unsere Glaubensgeschwister zu empfangen und den Blick auf Ihn zu richten: Was liegt Dir heute am Herzen?

Ein Blick auf unsere gesellschaftliche Situation zeigt: Wir stehen als Christen im deutschen Sprachraum und insgesamt im Westen vor grossen Herausforderungen, die wir nur noch gemeinsam bewältigen können. Denn neben einer wachsenden Islamisierung[61] stehen wir einer

---

[61] Laut der Studie „The Future of World Religions” (Die Zukunft der Weltreligionen), die am Donnerstag, 2. April 2015 in Washington veröffentlicht wurde, wird sich die religiöse Zusammensetzung der Weltbevölkerung in den kommenden Jahrzehnten grund-

kämpferischen Säkularisierung gegenüber. Wir können es uns heute nicht mehr leisten, den Kopf in den Sand zu stecken, uns nur auf die eigenen vier „christlichen Wände“ zu beschränken oder uns gar noch auf Graben- und Konkurrenzkämpfe zu konzentrieren.

Heute geht es zuerst und radikal um Jesus Christus in einer Gesellschaft, die Ihn immer mehr einfach ignoriert und dessen Position und Wahrheit manchmal in den Volkskirchen verwässert und verleugnet wird. Im Einstehen, Bezeugen und Leiden für Jesus Christus und die Wahrheit des Evangeliums werden wir uns gegenseitig in Zukunft noch mehr „brauchen“, um Gottes Plänen so effizient zu dienen, wie der Herr es möchte.

Überheblichkeit und Feindschaft beenden

Eine Mutter und ein Vater lieben alle ihre Kinder. Sie wollen für alle das Beste. Sie wollen den Segen und das Wohlergehen für alle ihre Kinder. Das gilt erst recht für den himmlischen Vater. Sein Wunsch ist, dass all Seine Kinder einander in ihrer Eigenart und Besonderheit schätzen. Wenn jedoch unter den Gläubigen der verschiedenen Kirchen Rechthaberei, Streit und Verurteilung der Anderen herrschen, ist es als würden wir Ihm sagen: „Entscheide Dich entweder für sie oder für uns!“ Doch wir dürfen einen Vater oder eine Mutter nicht in die grausame Lage bringen, aus ihren verschiedenen Kindern wählen zu müssen!

Da ruft uns der Herr zu einer grösseren Sichtweise auf, nämlich zum Blick aus Seinem Herzen. Dann können wir unsere Enge und unser Kreisen um uns selbst erkennen. Denn nur zu schnell graben wir uns ein in Festlegungen, Vorurteilen und fühlen uns überlegen, besser als die Anderen. Da ist Umkehr angesagt, was immer ein Stück demütigend ist. Denn oft müssen wir unsere eigene Enge öffnen und eigene Fehler, Vorurteile und Einseitigkeiten zugeben. Umkehr führt uns alle zum „Ort der Versöhnung“, zum Kreuz. Denn der Vater *„stiftet Frieden und versöhnte die beiden* (Teile, Juden und Christen) *durch das Kreuz mit Gott in einem einzigen Leib. Er hat in seiner Person die Feindschaft getötet“ (Eph 2,15b-16).* Nicht der Gegner muss überwunden oder besiegt werden, sondern die Feindschaft. Die Feindschaft muss zuerst in

legend ändern. Bis 2050 wird der Islam mit dem Christentum, der derzeit zahlenmäßig größten Religion, gleichziehen. Nach 2070 könnten die Muslime die Zahl der Christen übertreffen, wenn die gegenwärtigen Entwicklungen anhalten. Ursachen sind zum einen das schnellere Bevölkerungswachstum der Muslime, zum anderen aber auch der Religionswechsel. In 35 Jahren wird in Europa 10,2 Prozent der Bevölkerung muslimisch sein (2010 waren es 5,9 Prozent) und in Deutschland werden dann zur muslimischen Gemeinschaft 7 Millionen Menschen gehören.

uns überwunden werden. Vorurteile, gegenseitige Verdächtigungen und Ängste, aber auch Überheblichkeit und Rechthaberei gilt es im eigenen Herzen zu entdecken.

Ein ermutigendes Zeichen ist das Netzwerk „Miteinander für Europa", das sich seit 1999 in Europa ausbreitet. In Deutschland sind inzwischen über 200 christliche Bewegungen, Gemeinschaften und Kommunitäten von katholischen, evangelisch-lutherischen und evangelisch-reformierten, orthodoxen, anglikanischen und freikirchlichen Christen miteinander auf dem Weg. Sie leben aus einem „Bündnis der gegenseitigen Liebe" im Sinne der Worte Jesu: "*Ein neues Gebot gebe ich euch: Liebt einander! Wie ich euch geliebt habe, so sollt auch ihr einander lieben" (Joh 13,34):* „Unser gemeinsamer Weg hat damit begonnen, einander zu vergeben, wo wir und auch unsere Kirchen aneinander schuldig geworden sind. Wir haben bewusste Schuld voreinander ausgesprochen, um Vergebung gebeten und den Zuspruch der Vergebung empfangen. Diese Versöhnung verbindet uns und macht das Bündnis der Liebe tragfähig. Unser gemeinsamer Weg lässt tiefe Freundschaften wachsen. Im Miteinander der Kirchen achten wir noch bestehende Grenzen, arbeiten aber als Freunde an ihrer Überwindung." (www.miteinander-wie-sonst.org)

Papst Franziskus hat am 28. Juli 2014 beim Besuch des Pastors der pfingstkirchlichen Versöhnungsgemeinde in Caserta (Neapel) Giovanni Traettino, die pfingstkirchlichen Christen um Vergebung gebeten für die Fehler, die katholische Gläubige ihnen gegenüber begangen haben.[62] Diese Bitte erfolgte, obwohl grosse Teile „Roms" noch vor kurzem die Pfingstler als Sektierer bezeichneten, und umgekehrt für viele Pfingstkreise der Vatikan bis heute ein Sektenzentrum darstellt. Wir schliessen uns dieser Bitte um Vergebung an, denn wir leiden darunter, dass (einige) katholische Christen und auch Amtsträger von unserer Kirche Freikirchen immer noch als „Sekten" bezeichnen anstatt sie als Geschwister im Herrn zu begrüssen und willkommen zu heissen.

Erst, wenn wir einander als Geschwister annehmen und schätzen, können wir erkennen, welche Geschenke uns der Herr durch sie geben will: „So zahlreich und so kostbar sind die Dinge, die uns verbinden! Und wenn wir wirklich an das freie und großherzige Handeln des Geistes glauben, wie viele Dinge können wir voneinander lernen! Es han-

---

[62] In der Vorbereitung auf die Feier des grossen Jubiläums im Jahr 2000 hat Papst Johannes Paul II. hundertfünfzig verschiedene Vergebungsbitten ausgesprochen: „Verzeiht uns, ihr orthodoxen Geschwister. Verzeiht uns, ihr protestantischen Geschwister. Verzeiht uns all das Leid, das wir euch im Lauf der Geschichte zugefügt haben. Verzeiht uns all unsere Treulosigkeiten. ... Verzeiht uns!"

delt sich nicht nur darum, Informationen über die anderen zu erhalten, um sie besser kennen zu lernen, sondern darum, das, was der Geist bei ihnen gesät hat, als ein Geschenk aufzunehmen, das auch für uns bestimmt ist.“ (Papst Franziskus in Evangelii Gaudium: EG 246)

Die gemeinsame Sendung leben

Gott schafft immer wieder Überraschendes durch Menschen, die für Seine Neuheit offen sind. Dazu braucht es ein gehorsames Herz und mutige Schritte zur Überwindung von Festgefahrenem. Gleichzeitig können Ängste aufkommen und manches in uns kann sich sträuben. Das zeigt uns auch Petrus, den der Herr über seine Grenzen, die er für unüberwindbar hielt, hinausführte *(vgl. Apg 10,9-23a).*

Solch mutige Schritte geht Papst Franziskus, der zu einer neuen Etappe der Zusammenarbeit mit allen Christen, besonders auch mit den Evangelikalen, aufgerufen hat. Er erhofft sich eine „neue Etappe in den Beziehungen zwischen Katholiken und Evangelikalen“[63], damit katholische und evangelikale Gläubige gemeinsam auf bessere Weise den Auftrag erfüllen können, die Frohe Botschaft bis an die äussersten Grenzen der Welt zu tragen. Denn die „riesige Menge derer, die die Verkündigung Jesu Christi nicht angenommen haben, kann uns nicht gleichgültig lassen.“ (EG 246)

Für diese Sendung braucht der Herr alle Christen mit den je unterschiedlichen Gaben und Charismen. Im Miteinander wird sich die Kraft der Kirche multiplizieren. Durch die gegenseitige Liebe wird die Kirche an Ausstrahlung gewinnen. Denn darin wird die bleibende Herrlichkeit Jesu Christi sichtbar, gerade auch für die Menschen von heute. Deshalb laden wir ein, über alles Unterschiedliche hinweg, gemeinsam auf Jesus zu schauen und *gemeinsam vorwärts zu gehen*, so wie Er uns heute führen möchte.

---

63 Das sagte Papst Franziskus am 6. November 2014 zu Angehörigen der Evangelischen Weltallianz, die er zu einer Audienz im Vatikan empfing. Dabei räumte der Papst auch ein, dass noch heute „Rivalitäten und Konflikte“ zwischen Katholiken und Evangelikalen bestehen. Franziskus hat schon mehrmals mit hoher Wertschätzung von (und mit) evangelikalen Gläubigen gesprochen. Ihre Gemeinden sind etwa in Argentinien stark vertreten. Die Evangelische Weltallianz vertritt nach eigenen Angaben rund 600 Millionen Evangelikale in 128 Ländern.

Anhang

(Leo Tanner)

Historische Wurzeln der Vorrangstellung Roms und des Papsttums

Rom war lange Zeit die wichtigste Stadt der Welt, die Hauptstadt und das Zentrum des Römischen Reiches. Deshalb schauten die Menschen bei vielen politischen Fragen nach Rom.

Die Gläubigen blickten noch aus einem anderen Grund nach Rom. Die beiden grössten Apostel Petrus und Paulus, verkündeten am Ende ihres Lebens das Evangelium in Rom. Dort erlitten sie auch den Märtyrertod. So war es für sie natürlich, auch im Hinblick auf die kirchliche Leitung nach Rom zu schauen, denn man betrachtete den Bischof von Rom als den apostolischen Nachfolger von Petrus und Paulus.

In der Folge ist die Anerkennung der Leitungsrolle des Bischofs von Rom Schritt für Schritt gewachsen. Vor Ende des ersten Jahrhunderts half die Kirche von Rom Probleme in anderen Ortskirchen zu klären. Im Jahre 96 schrieb Klemens von Rom einen eindrücklichen Brief an die Kirche in Korinth, um dort eine Auseinandersetzung in Bezug auf die Leitung zu bereinigen. Die Autorität dieses Schreibens erinnert an die Briefe des Paulus an die Kirche in Korinth, die 40 Jahre vorher geschrieben worden waren.

Auf seinem Weg ins Martyrium in Rom im Jahre 110 schrieb der berühmte Bischof Ignatius von Antiochien an und über die Kirche von Rom: „Gotteswürdig, ehrwürdig, preiswürdig, lobwürdig, des Erfolges würdig, der Heiligung würdig, und, weil sie den Vorsitz in der Liebe führt, Beobachterin des Gesetzes Christi, Trägerin des Namens des Vaters“.

Um 150 reiste der spätere Märtyrer und Bischof Polykarp von Smyrna nach Rom, um mit Papst Anicet über den Termin des Osterfestes zu sprechen.

Ende des zweiten Jahrhunderts wies Bischof Irenäus von Lyon falsche Lehren zurück, indem er auf die „apostolische Tradition und Glaubenspredigt der grössten, ältesten und allbekannten Kirche, die von den beiden ruhmreichen Aposteln Petrus und Paulus zu Rom gegründet“ ist, verweist und er sagt: „Mit der römischen Kirche nämlich muss wegen ihres besonderen Vorranges jede Kirche übereinstimmen.“

Um 250 schrieb der Bischof und Märtyrer Cyprian von Karthago das Folgende über den, der den „Stuhl“, das Amt des Petrus innehatte, den

Bischof von Rom: „Auf einen baut er die Kirche (...) Gewiss waren auch die übrigen Apostel das, was Petrus gewesen ist, mit dem gleichen Anteil an Ehre und an Macht ausgestattet, aber der Anfang geht von der Einheit aus, damit die Kirche Christi als eine erwiesen werde (...)". Spätere christliche Leiter sahen ebenso wie Cyprian den Bischof von Rom als den „Vorsitzenden" in der ganzen Kirche, der sie leiten, lehren und in Einheit bewahren solle.

So hat sich nach und nach die Vorrangstellung Roms und das Amt des Papstes im Verlauf mehrerer Jahrhunderte entfaltet.

(Quelle: Vgl. Alan Schreck, Christ und Katholik – Eine Darlegung häufig missverstandener katholischer Glaubensaussagen, S. 94–95).

Zur Unfehlbarkeit des Papstes

Jesus Christus wollte, dass Seine Kirche durch die Jahrhunderte in der Wahrheit bleibt. Das heisst nicht, dass es auf dem Weg der Kirche nie Irrtümer und Fehler gegeben hätte. Aber im Wesentlichen der Glaubenslehre erhält Jesus Christus die Kirche auf dem Weg der Wahrheit. Dazu hatte Jesus den Aposteln und Seinen Nachfolgern den Heiligen Geist geschenkt: *„Wenn aber jener kommt, der Geist der Wahrheit, wird er euch in die ganze Wahrheit führen" (Joh 16,13a).*

Unfehlbarkeit als Gabe Christi

Wie wird die Kirche von Jesus Christus in der Wahrheit gehalten? Um die Kirche in der Reinheit des von den Aposteln überlieferten Glaubens zu erhalten, wollte Christus Seine Kirche an Seiner eigenen Unfehlbarkeit teilhaben lassen.

Diese Teilhabe an der Unfehlbarkeit Jesu geschieht einmal durch den übernatürlichen Glaubenssinn des Gottesvolkes. Damit ist so etwas wie der „Riecher" des Heiligen Geistes gemeint. Es gibt so etwas wie ein „Gespür" für das Wahre, für die Wahrheit. Je tiefer jemand im Glauben lebt, desto ausgeprägter ist dieses Gespür für den Heiligen Geist.

Ein zweiter Moment, an der Unfehlbarkeit Jesu Christi Anteil zu haben, besteht in den Ökumenischen (weltweiten) Konzilien. Dort aber nur, wenn klar definiert wird: *„Der Heilige Geist und wir haben beschlossen ..."*. Die Bischöfe der Ortskirchen haben die Aufgabe, das Evangelium zu verbreiten und die Kirche in der Einheit zu bewahren. Dazu trafen sich die Bischöfe auf regionalen und weltweiten (ökumenischen) Konzilien. In diesen Versammlungen suchten sie die Führung des Heiligen Geistes in ihren Fragen des christlichen Glaubens und der Glaubenspraxis.

Das Modellkonzil in Jerusalem

Über das erste grössere Konzil der Ältesten der Kirche wird in Kapitel 15 der Apostelgeschichte berichtet. Die verantwortlichen Führer der damaligen Kirche mussten hier ein aktuelles Problem lösen, worüber es bisher keine Weisungen gab. Deshalb suchten sie die Führung des Heiligen Geistes. Nach Gebet und nach eingehender Diskussion kamen sie zu einer Entscheidung. Zwischen den beiden gegenüberstehenden Hauptpositionen von Petrus und Paulus gab es inhaltlich einen Kompromiss, mit dem alle leben konnten. *„Der Heilige Geist und wir haben beschlossen, ..." (Apg 15,28a),* so wurde der Beschluss gefasst und als verbindlich erklärt.

Die Kirche wurde im Lauf der Zeit immer wieder vor neue Probleme gestellt. Leiter der Kirche hatten in allen Jahrhunderten Entscheidungen zu treffen, worüber Jesus selbst und die Schrift keine eindeutigen Aussagen machten. Die Verantwortlichen hatten die Pflicht, diese Entscheide im Licht der Heiligen Schrift und im Hören auf Gottes Geist zu fällen.

Gehalten in der Wahrheit

Das Konzil von Jerusalem wurde zum Modell für alle späteren ökumenischen Konzilien. Die Kirche glaubt: Wenn Bischöfe der ganzen Welt zusammenkommen und gemeinsam nach der Leitung (Führung) des Heiligen Geistes suchen, dann hält sie der Heilige Geist in der Wahrheit *(vgl. Joh 16,13).* Die Kirche nimmt damit diese Verheissung Jesu an die Apostel ernst und vertraut auf Gottes Treue und auf Seinen Willen, die Kirche vor Irrtümern zu bewahren, dass sie eine offizielle Verlautbarung eines ökumenischen (weltweiten) Konzils als „unfehlbar" anerkennt, wenn diese Verlautbarung ausdrücklich eine Glaubenslehre bestimmt und definiert. Einzelne, auch Bischöfe, können Falsches aussagen und sich irren, aber nicht die Bischöfe in ihrer Gesamtheit, wenn sie in einer Frage eins sind.

Die Konzilien klärten auch weniger wichtige Fragen. So wurden z. B. die Verpflichtungen des Jerusalemer Konzils *(Apg 15)* später aufgehoben, da die Situation der Kirche sich verändert hatte. Nicht alle Aussagen und Entscheidungen eines ökumenischen Konzils werden als unfehlbar und ständig verbindlich angesehen. Nur die Lehren, die die Bischöfe ausdrücklich zu „Dogmen" und als offizielle Glaubenslehre erklären, werden als unfehlbar wahr angesehen.

Das Charisma der Unfehlbarkeit bei Petrus

Einen weiteren Bereich der Teilnahme an der Unfehlbarkeit Jesu Christi sehen katholische Gläubige im Petrusamt. Diese Glaubenssicht basiert als erstes auf dem biblischen Petrusbild. Es gab Situationen, in denen Petrus, erfüllt vom Heiligen Geist, eine Wahrheit verkündete, die Gott offenbaren wollte. In Caesarea Philippi erklärte Petrus, dass Jesus der Messias, der Christus, sei. Als Jesus die Apostel fragte: *„Ihr aber, für wen haltet ihr mich?"*, hat Petrus sich nicht zuerst mit den übrigen Aposteln beraten, sondern inspiriert vom Heiligen Geist geantwortet: *„Du bist der Messias!" (Mk 8,29).*

In der Apostelgeschichte wird von einer anderen Offenbarung Gottes berichtet, die für das Leben der frühen Kirche und die weitere christliche Geschichte von entscheidender Bedeutung war. Wir lesen dort, dass die Heiden getauft werden konnten, ohne zuvor beschnitten zu werden. Petrus hat diese Offenbarung nicht zuerst anderen zur Prüfung vorgelegt *(vgl. Apg 10).*

Diese Beispiele zeigen, dass der Heilige Geist gelegentlich *Petrus allein* eine bestimmte Führung und Offenbarung über eine christliche Wahrheit anvertraut hat. Die Kirche glaubt, dass Gott in der Geschichte der Kirche in ähnlicher Weise auch durch den Papst, den Nachfolger Petri, eine Wahrheit offenbaren kann. Diese Unfehlbarkeit ist eine Gabe Gottes zum Wohl Seiner Kirche. Sie hat nichts mit der natürlichen Weisheit des Mannes zu tun, der dieses Papstamt innehat.

Die Bibel zeigt auch, dass dieses Charisma der Unfehlbarkeit bei Petrus nicht immer gegeben war. Petrus hat nicht immer unter der Inspiration des Heiligen Geistes gesprochen, so z. B. als er drei Hütten auf dem Berg Tabor errichten wollte *(Mk 9,5)* oder als er Jesus verleugnete *(Mk 14,66–72).* Auch nach Pfingsten blieb Petrus nicht von persönlichen Schwächen bewahrt *(Gal 2,11–14).* Auch Petrus musste einen Weg der Umkehr gehen.

Dasselbe gilt für die Päpste. Auch wenn wir glauben, dass Gott manchmal ein unfehlbares Wort der Wahrheit durch sie für die Kirche spricht, bedeutet das nicht, dass alles, was sie sagen, den Charakter der „Unfehlbarkeit" hat. Darum hat die katholische Kirche einige strenge Bedingungen festgelegt, wann etwas als eine unfehlbare Aussage gelten darf.

Die Definition (Eingrenzung) der Unfehlbarkeit

Das Erste Vatikanische Konzil (1869–1870) definierte erstmals formell die Unfehlbarkeit des Papstes, die jedoch schon seit vielen Jahrhunderten anerkannt war. „Definition“ heisst wörtlich „Begrenzung“. Die katholische Kirche stellt oft erst dann eine offizielle Lehraussage auf, wenn die betreffende Glaubensaussage in Frage gestellt wird oder der Klärung bedarf. Damit eine Aussage des Papstes als „unfehlbar“ angesehen werden kann, müssen gemäss dem Ersten Vatikanischen Konzil folgende Bedingungen erfüllt sein:

1. Der Papst muss „ex cathedra“ („vom Stuhl“ Petri aus) sprechen, das heisst in seiner Funktion als oberster Lehrer und Hirte der katholischen Kirche.
2. Der Papst muss die Lehre, die schon längere Zeit in der Tradition der Kirche geglaubt wurde, klar als Wahrheit des Glaubens definieren.
3. Es geht bei diesen Definitionen allein um Glaubens- und Sittenfragen.

Nach diesen Bedingungen kann der Papst nicht über wissenschaftliche, politische oder ökonomische Fragen unfehlbare Aussagen machen. Auch fallen die „normalen“ Aussagen des Papstes in Enzykliken, Apostolischen Schreiben, Predigten und Kommentaren nicht in den Bereich unfehlbarer Lehre. Die Aussage eines Papstes ist nur dann unfehlbar, wenn sie ausdrücklich als von Gott geoffenbarte Glaubenswahrheit erklärt ist. Seit dem Ersten Vatikanischen Konzil gab es nur eine Lehraussage des Papstes, die als unfehlbar gilt: das Dogma von der Aufnahme Mariens in den Himmel (1950).

Entstehung und Bedeutung des Papsttums

Das Neue Testament verwendet den Begriff „Papst“ nicht, aber es spricht von Simon Petrus, einem Mann, dem Jesus eine besondere Stellung in der Leitung Seiner Kirche gab. Die Stellung des Petrus ist die Grundlage und das Modell für die Leitungsfunktion des Papstes.

Die besondere Stellung des Petrus

Das Neue Testament zeigt deutlich, dass Simon Petrus eine herausragende Position unter den Jüngern Jesu und in der frühen Kirche innehatte.

In den Evangelien ist Petrus normalerweise der Sprecher der Apostel, besonders in wichtigen Momenten *(Mk 8,29; Mt 18,21; Lk 12,41; Joh 6,67–69)*. In verschiedenen dramatischen Szenen des Evangeliums tritt Petrus immer als zentrale Figur auf, etwa wie beim Gang Jesu auf dem Wasser *(Mt 14,28-32; Mk 10,28)*. So wird Petrus in den synoptischen Evangelien immer als Erster erwähnt, wenn die Apostel genannt werden *(Mk 3,16-19; Mt 10,1–4; Lk 6,12–16; Apg 1,13)*. Oft steht, wenn auf die Apostel verwiesen wird, nur: *„Petrus und seine Begleiter" (Mk 1,36; Lk 9,32)*.

In allen vier Evangelien gibt es ausdrückliche Aussagen über die einzigartige Rolle des Petrus in der Kirche. Das Lukas-Evangelium berichtet, wie Jesus zu Petrus sagt: *„Simon, Simon, der Satan hat verlangt, dass er euch wie Weizen sieben darf. Ich aber habe für dich gebetet, dass dein Glaube nicht erlischt. Und wenn du dich wieder bekehrt hast, dann stärke deine Brüder" (Lk 22,31–32)*. Jesu Worte gingen in Erfüllung. Der Glaube des Petrus versiegte nicht, obwohl er Jesus dreimal verleugnet hatte. Er kehrte um und wurde wirklich ein „Fels" der Stärke für seine Brüder.

Im Johannes-Evangelium ist berichtet, wie Johannes am Grab Jesu wartet, um Petrus als Ersten eintreten zu lassen , um ihm den Vorrang zu geben *(Joh 20,3–8)*. Ebenfalls im Johannes-Evangelium *(Joh 21,15–19)* fragt Jesus den Simon Petrus dreimal: *„Liebst du mich?"*. Jedes Mal bestätigt Petrus seine Liebe zu Jesus. Dies ist eine Umkehrung der dreimaligen Verleugnung Jesu. Bedeutsam ist hier auch, was Jesus ihm erwidert: *„Weide meine Lämmer"* und *„Weide meine Schafe"*. Jesu Auftrag an Petrus zeigt, dass dieser der gute Hirte sein soll, der nach dem Weggehen Jesu für die Herde sorgen soll.

Paulus nennt Petrus als ersten Zeugen der Auferstehung, und er nennt ihn *„Kephas" (Fels) (1 Kor 15,5)*, ein Name den Jesus ihm gab *(Gal 1,18; 2,7–9; 1 Kor 1,12; 3,22; 9,5; 15,5)*. In der Apostelgeschichte wird die Leitung des Petrus auf vielfache Weise anerkannt: Petrus ist der Erste, der das Evangelium öffentlich verkündet *(Apg 2,14–40)*. Petrus hält die meisten der grösseren Reden *(Apg 3,12–26; 4,8–12; 5,39; 5,29–32; 8,20–23; 10,34–43; 11,4–18; 15,7–11)*. Das erste Heilungswunder nach Pfingsten geschieht durch ein Wort des Petrus *(Apg 3,6–8)*, der offensichtlich eine weithin anerkannte Gabe der Heilung *(Apg 5,15; 9,34.38–41)* hatte. Petrus war der Erste, der die Offenbarung erhielt, dass das Evangelium auch für die Heiden da ist *(Apg 10,9–48)*, und er war auch der Erste, der den Auftrag gab, Heiden zu taufen *(Apg 10,46–48)*.

Wenn Gott in der Bibel einer Einzelperson oder einem Volk einen neuen Namen gibt, weist das auf eine neue Verantwortung, eine neue Aufgabe oder eine neue Identität hin. So sagt Jesus zu Simon: *„Du bist Petrus, und auf diesen Felsen will ich meine Kirche bauen"*, und Er fährt fort: *„Ich werde dir die Schlüssel des Himmelreiches geben". (Mt 16,18–19)*. Schlüssel bedeutet: den Zugang zum Reich Gottes den Menschen aufzuschliessen. Schlüssel weisen auf Autorität *(vgl. Jes 22,15–25; Off 1,18)* hin. Jesus unterstreicht damit die besondere Autorität des Petrus im Reich Gottes: *„Was du auf Erden binden wirst, das wird auch im Himmel gebunden sein" (Mt 16,19).*

Hatte Petrus Nachfolger?

Ohne Zweifel hat Jesus dem Simon eine besondere Autorität verliehen. Die entscheidende Frage ist nun, ob Petrus Nachfolger hatte. In dieser Frage sind die Christen uneins. Katholische Gläubige vertreten die Ansicht, dass es der Wille Jesu war, dass die „petrinische" Autorität in der Kirche genauso weitergehen solle, wie auch die „apostolische" Autorität weiterhin von den Bischöfen ausgeübt wurde.

Dabei fühlen sie sich im Blick auf die Entwicklung in der frühen Kirche bestätigt, von der sie glauben, dass der Heilige Geist die Kirche von Anfang an geleitet hat. Denn obwohl Jesus selbst nie „Nachfolger der Apostel", „Bischöfe" und „Diakone", erwähnt hat, berichten die späteren Schriften des Neuen Testamentes, dass das Amt des Bischofs und Diakons von den Christen anerkannt und akzeptiert war.

Nach der Himmelfahrt Jesu begann Petrus die Kirche zu leiten. Petrus kam schliesslich nach Rom und starb dort als Märtyrer. Die Christen im Westen des Römischen Reiches sahen als Folge davon, dass der Bischof von Rom derjenige ist, der die Rolle der Leitung der ganzen Kirche ausüben sollte. Dafür sprechen nach katholischer Auffassung auch die historischen Entwicklungen der frühen Kirche, in der schon sehr früh dem Bischof von Rom eine besondere Stellung zukam.

Der Titel „Papst"

Diese Bedeutung des Bischofs von Rom wuchs zusehends. Im vierten Jahrhundert war der Bischof von Rom allgemein anerkannt als Patriarch und führender Bischof der Westkirche. Die Bezeichnung „Papst", die vorher für Bischöfe und Äbte gebraucht wurde, findet nun Verwendung.

Die erste bekannte Verbindung des Titels „Papst" mit dem Bischof von Rom stammt aus der Zeit des Marcellinus, der 296 bis 304 Bischof von Rom war. Bischof Siricius von Rom (385–399) bezeichnet sich als Erster als *papa*, als ausschliessliche Amtsbezeichnung für den Bischof von Rom. Seit Gregor I. (540–604) beanspruchen die römischen Bischöfe, den Titel „Papst" exklusiv führen zu dürfen.

Wichtiger als der Titel „Papst" ist die inhaltliche Bedeutung. Im vierten Jahrhundert sagte Bischof Ambrosius von Mailand (337–397), der den heiligen Augustinus zur Bekehrung geführt und getauft hatte: „Wo Petrus ist, da ist die Kirche." Er lehrte auch, dass jeder, der vom Bischof von Rom ausgeschlossen war, von allen ausgeschlossen war.

Ebenfalls im vierten Jahrhundert schrieb ein grosser Bibelgelehrter, Hieronymus (347–420), an Papst Damasus, der dieses Amt von 366 – 384 innehatte: „Ich folge keinem anderen als Führer, als Christus allein, und darum möchte ich in Einheit mit euch sein, das heisst, dem Stuhl Petri. Ich weiss, dass die Kirche auf diesen Fels gegründet ist." Dies repräsentiert die Einstellung katholischer Gläubiger durch all die Jahrhunderte.

Papst Damasus dehnte den Einfluss des Papsttums auf alle Ortskirchen im Römischen Reich aus. Der Begriff „Apostolischer Stuhl" wurde zur Bezeichnung des römischen Bischofsamtes.

In der Regierungszeit des Kaisers Gratian, der 375 bis 383 Kaiser im Westen des Römischen Reiches war, wurde der Titel „Pontifex Maximus", ein Titel, der zuvor für die Kaiser Verwendung fand, dem Bischof von Rom gegeben, wegen seiner Leitung über die ganze Kirche.

Am Ende des Pelagianischen Streites, den der Papst zu beenden half, sagte Augustinus: „Rom hat gesprochen; die Sache ist beendet."

Leo I. (der Grosse), Papst von 440 bis 461 machte entscheidende Aussagen über Jesus Christus, die für die beim Konzil von Chalkedon (451) versammelten Bischöfe, richtungsweisend waren, sodass diese sagten: „Petrus hat gesprochen durch Leo."

Gregor I. (der Grosse), Papst von 590 bis 604, sandte die ersten Missionare nach England und konnte die spanische Kirche enger mit Rom verbinden. In dieser Zeit fand auch der Titel „vicarius Petri" (Stellvertreter des Petrus) und „servus servorum Dei" (Diener der Diener Gottes) Verwendung.

(Quelle: Vgl. Alan Schreck, Christ und Katholik – Eine Darlegung häufig missverstandener katholischer Glaubensaussagen, S. 95–97).

Das Charisma des Papstamtes

Der Dienst des Petrusamtes besteht darin:

1. *Die Einheit der Kirche* in den verschiedenen Kulturen *zu bewahren.* Neuaufbrüche oder vom Geist geweckte Berufungen werden in die Kirche integriert. So hat auch Paulus den Weg zu Petrus gesucht, um seinen Dienst von Anfang an in die bestehende Kirche zu integrieren. Kirchen, welche dieses Petrusamt nicht kennen, sind eher in Gefahr, sich in immer neue Kleinkirchen und Freikirchen mit „selbst ernannten Leitern" zu spalten.

2. *Die Vielfalt zu bewahren* gegen falsche Enge und sektiererische Tendenzen in der Kirche. Die katholische Kirche ist viel umfassender als die jeweilige Ortskirche mit ihrem Bild von „Katholischsein" lebt und vermittelt.

3. *Die christliche Wahrheit zu schützen und zu bewahren.* Dazu gehören klare Grenzen. Die Verantwortung der Wahrheit gegenüber zeigt sich im Amt des Lehrens, dem Lehramt der Kirche. Dieses Amt ist für die Gläubigen eine Entlastung. Wir müssen nicht alle Fragen selbst klären. Kompetente und von Jesus Christus dafür eingesetzte Personen präsentieren uns die Sicht des christlichen Glaubens. Ob wir diese Sicht annehmen, ist unsere Entscheidung.

Der Auftrag der Kirche ist es, die Wahrheit, das Leben, die Freiheit und die Liebe zu schützen – in allen Dimensionen des Lebens, allen Meinungen, Ideologien und totalitären Systemen gegenüber, inklusive dem persönlichen Egoismus. Das führte und führt immer wieder zu Ablehnung und zu unzähligen Märtyrern.

Neue Formen des Papstamtes?

Das Charisma des Papstamtes kann unterschiedlich, je nach Papst, nach Kirchensituation und je nach der Führung des Heiligen Geistes, gelebt werden. Da sind neue Akzente in Zukunft möglich. So hat Johannes Paul II. in seiner Enzyklika „Ut unum sint" gesagt, dass er „einen brüderlichen, geduldigen Dialog (mit allen Christen) aufnehmen" möchte, um „eine Form der Primatausübung zu finden, die zwar keineswegs auf das Wesentliche ihrer Sendung verzichtet, sich aber einer neuen Situation öffnet" (Nr. 95, 96). Dasselbe haben alle folgenden Päpste wiederholt. Wird es eine Form des Dienstes der Einheit geben, der sich alle anschliessen können?

Die christliche Ehelosigkeit – der Zölibat

Das Charisma

Jesus hat die Lebensform der Ehelosigkeit *„um des Himmelreiches willen"* geschätzt. Er selbst lebte zölibatär und lehrte: *„Nicht alle können dieses Wort erfassen, sondern nur die, denen es gegeben ist. Denn es ist so: Manche sind von Geburt an zur Ehe unfähig, manche sind von den Menschen dazu gemacht, und manche haben sich selbst dazu gemacht - um des Himmelreiches willen. Wer das erfassen kann, der erfasse es" (Mt 19,11–12).*

Ähnlich schreibt Paulus: *„Ich wünschte, alle Menschen wären (unverheiratet) wie ich. Doch jeder hat seine Gnadengabe von Gott, der eine so, der andere so" (1 Kor 7,7).* Sowohl Jesus als auch Paulus machen klar, dass der Ruf nicht jedem gilt und dass es eine Gabe ist, die es möglich macht, sich ungeteilt der Sache des Herrn und Seines Reiches zuzuwenden. *(Vgl. auch 1 Kor 7,32–35).*

Die Kraft des Christentums erhalten

Die eigentliche „Durchbruchszeit" der christlichen Ehelosigkeit liegt im 4. Jahrhundert. Nach der konstantinischen Wende geriet das Christentum in eine gefährliche Krisensituation. Bisher wurden die Christen verfolgt, nun aber plötzlich von Kaiser Konstantin bevorzugt. Es war von Vorteil, Christ zu sein. Damit war die Gefahr gross, dass das Christentum verflachte und ihre Leben prägende Kraft verlor. Der Zölibat, bzw. die zölibatär lebenden Männer und Frauen gaben, meist verbunden mit dem Mönchtum, mit ihrem Leben eine Antwort auf die Gefahr der Aushöhlung des Christentums.

In Ägypten zogen unzählige Christen in die Wüste, um zu beten, zu fasten und dort ein enthaltsames Leben zu führen. Zu diesen Mönchen strömten die Menschen aus den Städten, um sich bei ihnen Rat und Kraft für ihr tägliches christliches Leben zu holen.

Mit dieser Entwicklung ging Hand in Hand eine Aufwertung der Frauen, denn der Geschlechtsunterschied spielte bei dieser hoch geachteten Lebensform, die jedem und jeder zugänglich war, keine Rolle. Diese Bewegung gab der Kirche grosse Kraft. Die Radikalität und Entschiedenheit des christlichen Glaubens wurde so gewahrt. Solch radikal gelebtes Christentum erwarteten die Gemeinden mehr und mehr auch von ihren priesterlichen Gemeindeleitern. Der Zölibat trug wesentlich dazu bei, dass das Christentum im 4. Jahrhundert nicht an der Krise der Staatsreligion scheiterte, sondern in einer neuen Weise aufblühte.

Um des Himmelreiches willen

Die Bedeutung des Zölibates zeigt die Antwort Jesu auf die Frage, wie es mit der Heirat im Himmel steht: *„Nach der Auferstehung werden die Menschen nicht mehr heiraten, sondern sein wie die Engel im Himmel" (Mt 22,30; Mk 12,25; Lk 20,35–36).* Damit deutet Jesus an, dass Heiraten etwas Irdisches und damit auch Vergängliches ist. Im Leben nach der Auferstehung wird unter den Menschen eine neue Gemeinschaft von Brüdern und Schwestern entstehen, in der nicht mehr geheiratet wird. Diese neue Gemeinschaft von Brüdern und Schwestern, auf die wir alle zugehen, nehmen diejenigen Menschen voraus, die schon in diesem Leben nach dem Rat Jesu die *„Ehelosigkeit um des Himmelreiches willen“ (Mt 19,12)* leben.

Alle, welche um des Himmelreiches willen ehelos leben, deuten jetzt schon auf diese Zukunft hin und haben bereits begonnen, sie zu leben. Sie legen Zeugnis ab für die im Glauben erwartete zukünftige Welt, in der die menschliche Liebe für Frauen und Männer ihre definitive Erfüllung finden wird. Sie leben die bräutliche Dimension der Kirche, die Christus als ihren ewigen Bräutigam erwartet.

Der gut gelebte Zölibat ist ein Zeugnis vor der Welt, wo heute der sexuelle Genuss so sehr betont wird. Hier kann offenbar werden, dass Gott ein Menschenleben ausfüllen und zur tiefsten Erfüllung bringen kann. Denn: „Zeuge sein besteht nicht darin, Propaganda zu machen, nicht einmal die Menschen aufzurütteln, sondern darin, ein lebendes Mysterium zu sein. Es bedeutet so zu leben, dass unser Leben sinnlos wäre, wenn Gott nicht existiert.” (Kardinal Suhard)

Geschichte der Zölibatsverpflichtung

Wie kommt es nun zur Forderung des Zölibats für den priesterlichen Dienst in der katholischen Kirche?

Ein Blick in die Geschichte zeigt, dass schon ab dem 1. Jahrhundert zwischen einem Ehelosigkeitszölibat und einem Enthaltsamkeitszölibat unterschieden wurde. Ehelosigkeitszölibat bedeutete, nicht verheiratet zu sein. Beim Enthaltsamkeitszölibat durfte man verheiratet sein, musste aber ab dem Tag der Weihe enthaltsam leben.

Neuere Forschungen haben herausgearbeitet, dass alle Kandidaten, die nach dem Tod der ersten Frau ein zweites Mal geheiratet haben, nicht mehr für diesen Dienst in Frage kamen. Von den Bischöfen und Diakonen zur Zeit der Pastoralbriefe wurde also bereits nach dem Tod der ersten Frau der Enthaltsamkeitszölibat erwartet. In diesem Sinn könnte der Hinweis *„nur einmal verheiratet“ (1 Tim 3,3)* zu sein, darauf hinweisen, dass es schon früh eine Zölibatsverpflichtung gab.

Der Enthaltsamkeitszölibat wird erstmals auf der Synode von Elvira (ca. 306) als Gesetz aufgeschrieben. Im Jahr 1022 ordnete Papst Benedikt VIII. auf der Synode zu Pavia, gemeinsam mit Kaiser Heinrich II. an, dass alle Geistlichen nicht mehr heiraten durften.

Wie die Geschichte des Zölibates zeigt, ist dieser für das Priestertum nicht zwingend. Das Zweite Vatikanische Konzil hält den Zölibat für

Priester und Bischöfe als „in vielfacher Weise angemessen“ (Dekret über die Priester, Nr. 10). Heute gibt es, nicht zuletzt auch aufgrund des Priestermangels, viele Diskussionen über dieses Thema. „Angemessen“ heisst auch, dass es der Kirche freisteht, die Zölibatsverpflichtung in neuer Weise zu gestalten und zu lockern.

Das Zweite Vatikanische Konzil (Priesterausbildung, Nr. 10) sieht im Zölibat deshalb auch weniger eine kirchliche Vorschrift, sondern vielmehr ein Geschenk Gottes. Christus wird im Neuen Testament oft als Bräutigam bezeichnet, der ganz für Seine Braut, die Kirche, lebt. Bischöfe und Priester haben in ihrem kirchlichen Dienst die Berufung, diesen liebenden Christus darzustellen (Dekret über die Priester, Nr. 16). So soll der freigewählte Zölibat dem Priester helfen, nach dem Vorbild Jesu Christi seine ganze Liebeskraft Gott und Seiner Kirche, und damit den ihm anvertrauten Menschen, zu schenken.

Katholisches Eucharistieverständnis und Kommunionempfang

Die Eucharistiefeier ist aus der Paschafeier heraus entstanden. Die Paschafeier in Israel war ein Fest der Familie. So hat auch Jesus mit Seiner „Familie”, den Zwölf Aposteln, jenes Paschamahl gefeiert, an dem Er dann das Abendmahl, die Eucharistie einsetzte. Von Beginn an wurde in der Urkirche die Eucharistie sozusagen „in der Familie”, nämlich in der Hausgemeinschaft, gefeiert.

Kommunion als Gemeinschaft mit der Kirche

Von der Bibel her ist nicht klar, wer in der Zeit, als die Apostel noch lebten, jeweils der Eucharistiefeier vorstand. Zu Beginn des zweiten Jahrhunderts schreibt jedoch Ignatius von Antiochien (gest. 110 n. Chr.), dass nur der Bischof oder ein von ihm ernannter Vertreter diese Feier leiten kann: „Folgt alle dem Bischof wie Jesus Christus dem Vater ... Jene Eucharistiefeier gelte als zuverlässig, die unter dem Bischof oder einem von ihm Beauftragten stattfindet”.

In der frühen Kirche waren die Bischöfe die Leiter der offiziellen Gottesdienste der christlichen Gemeinde. Sie ernannten Presbyter (Priester), die sie beim sakramentalen Dienst unterstützten, wenn ihre „Herde” (Diözese) zu gross wurde. Diese alte Praxis führt die katholische Kirche bis heute fort, und daher können auch nur die Bischöfe und die von ihnen ernannten Priester der Eucharistie vorstehen. Dabei folgt die katholische Kirche der Weisung Jesu, der nur den Aposteln den direkten Auftrag gegeben hat: *Tut dies zu meinem Gedächtnis.*

– Interzelebration

Die Bischöfe sind diejenigen, die den Aposteln im Amt der Leitung und im Dienst nachfolgen. Diese Amtsnachfolge (Sukzession) von den Aposteln bis heute – und damit der direkte Bezug zu Christus selbst – ist ein wesentliches Merkmal der katholischen Kirche und ein wichtiges Kriterium für die gültige Feier der Eucharistie. Das heisst: Nur ein Amtsträger, dessen Weihe und Sendung auf Christus zurückverweist (durch Sukzession), kann gültig die Eucharistie feiern.

Die katholische Kirche kann nicht auf der einen Seite überzeugt sein, dass nur der geweihte Priester der Eucharistie gültig vorstehen kann, und zugleich dieses Kriterium bei anderen Kirchen und kirchlichen Gemeinschaften vernachlässigen. Denn es gibt nur die eine, von Christus selbst eingesetzte Eucharistie. Dies ist der Grund, weshalb die Interzelebration, bei der ein katholischer (geweihter) Priester zusammen mit einem nichtkatholischen (nichtgeweihten) Pfarrer gemeinsam die Eucharistie feiert, nicht erlaubt ist.

– Offene Kommunion (Interkommunion)

Jesus feierte das Paschamahl, in welchem Er die Eucharistie einsetzte, nicht mit Fremden, sondern mit Seiner „Familie". Zu dieser sagte Er dann auch: „Tut *dies* zu meinem Gedächtnis." Daher ist auch die volle Mitfeier der Eucharistie (das heisst mit Kommunionempfang) nicht in das persönliche Belieben gestellt, sondern an die enge „Familien-Zugehörigkeit" geknüpft.

Weil die katholische Kirche das Zeugnis der früheren Kirche ernst nimmt, nach welcher Glaubensgemeinschaft, Kirchengemeinschaft und Eucharistiegemeinschaft nicht voneinander getrennt werden können, sieht sie keine Möglichkeit einer offenen Kommunion (Interkommunion), bei der alle Gläubigen aus den verschiedenen Kirchen gemeinsam die Heilige Kommunion empfangen können. Denn Kirchenverständnis und Eucharistie gehören in der katholischen Lehre eng zusammen.

– Liebe als oberstes Kriterium

Was heisst dies nun für die Praxis? Das oberste Kriterium ist immer die Liebe. Nun bedeutet „lieben" aber auch „respektieren". Liebe fängt mit Respekt an. So respektieren wir die Haltung der verschiedenen Kirchen und Gemeinschaften. Wenn wir ehrlich miteinander umgehen wollen, dann müssen wir das ernst nehmen, was die eigene Kirche lehrt und praktiziert.

Für uns Katholiken heisst das beispielsweise: Die Orthodoxen erlauben uns nicht, bei ihnen zur Kommunion zu gehen. Dann respektieren wir das und gehen dort nicht zur Kommunion, obwohl dies, von uns aus gesehen, möglich wäre. Und umgekehrt: Die evangelischen Kirchen und auch die Freikirchen erlauben uns, bei ihnen zum Abendmahl zu gehen. Doch unsere Kirche erachtet dies als nicht angebracht, weil die Kirchengemeinschaft fehlt und das Eucharistieverständnis unterschiedlich ist. Auch das gilt es, in Liebe zu respektieren.

– Kommunionempfang für Getaufte anderer Kirchen?

Wie ist dies aber umgekehrt: Dürfen getaufte evangelische - freikirchliche Gläubige in der katholischen Kirche die Kommunion empfangen? Die offizielle Antwort der katholischen Kirche ist im Katechismus der katholischen Kirche dargelegt und heisst „Nein", ausser in einer schweren Notlage.

Der verstorbene Papst Johannes Paul II. hat 1995 in der Ökumene-Enzyklika „Ut unum sint" geschrieben: Es sei ihm „ein Grund zur Freude, dass die katholischen Priester in bestimmten Einzelfällen die Sakramente der Eucharistie, der Busse und der Krankensalbung anderen Christen spenden können, die zwar noch nicht in voller Gemeinschaft mit der katholische Kirche stehen, aber sehnlich den Empfang der Sakramente wünschen, von sich aus darum bitten und den Glauben bezeugen, den die katholische Kirche in diesen Sakramenten bekennt". Zu diesem „Glauben ..., den die katholische Kirche in diesen Sakramenten bekennt" gehört bei der Eucharistie auch das „Amen" am Ende des Hochgebetes. Das heisst: ein grundsätzliches Ja zum Papst, zum Bischof, zum Gebet für die Verstorbenen, zu Maria und zu Heiligen.

Im konkreten Fall ist auf jeden Fall das Gespräch mit dem Pfarrer oder dem Pfarreiverantwortlichen zu suchen. Insbesondere geht es neben Klärung der Motivation und inneren Disposition auch um eine Einführung in die Haltung, wie die Hl. Kommunion würdig empfangen wird.

Wie weiter?

Die genannten Weisungen insbesondere derjenigen der katholischen Kirche können als hart und wenig ökumenisch erscheinen. Bedenkenswert ist, in welcher Perspektive Papst Johannes Paul II. diese Fragen sah. Er war der Überzeugung, dass es gerade die Eucharistie sein wird, die uns „auf das Ziel des vollen Teilens mit allen Brüdern und Schwestern hin" beflügelt, „mit denen uns die gemeinsame Taufe verbindet" (Ecclesia de eucharistia). Ökumenische Eucharistiegemeinschaft wird ersehnt, ist aber im Moment noch nicht möglich.

– Schmerz kann verbinden

Grenzen müssen nicht nur trennen, sie können auch verbinden. Gerade der Schmerz darüber, dass wir noch nicht gemeinsam Eucharistie feiern können, verbindet uns tiefer in der Liebe zueinander und zu Jesus Christus. So führt dieser tiefe Schmerz, wenn wir ihn miteinander aushalten und ihn miteinander teilen, schon einen Schritt hin zu tieferer Gemeinsamkeit. Diese schmerzliche Verbundenheit führt zu grösserer Sehnsucht nach Einheit und so werden auch die Bemühungen auf dem Weg zur vollen Kirchen- und Eucharistiegemeinschaft gesegnet sein. Denn was gibt es Grösseres und Schöneres als die Gemeinschaft mit Jesus Christus, unserem Herrn, sowie Gemeinschaft untereinander in der Verbundenheit mit Ihm?

– Mögliche Praxis

Die tiefste Verbundenheit und Gemeinschaft mit Jesus Christus und der Gemeinschaft untereinander besteht in der Liebe und ist auch dann möglich, wenn das Sakrament nicht empfangen wird. Eine mögliche Form dies auch zeichenhaft zu leben besteht darin, dass z. B. bei ökumenischen Treffen alle am Gottesdienst teilnehmen und alle bei der Austeilung der Hl. Kommunion (oder des Abendmahles) nach vorne kommen. Dann empfangen, gemäss der Regel der Kirche, die einen die Hl. Kommunion und alle anderen lassen sich vom Kommunionspender segnen. Dazu halten sie die Hände gekreuzt vor die Brust. So hat z. B. ein katholischer Bischof an einer evangelischen Abendmahlsfeier teilgenommen. Er empfing jedoch nicht das Abendmahl, sondern liess sich von der evangelischen Pfarrerin segnen.

Auf diese Weise erhalten alle die nährende, stärkende und verbindende Liebe Jesu, wenn auch in unterschiedlichen Formen. Niemand ist ausgeschlossen. Die alles umfassende Liebe Jesu verbindet alle.

Ablauf einer katholischen Eucharistiefeier

Der Ablauf der Eucharistiefeier unterteilt sich in vier Teile: Eröffnung, Wortgottes- und Opfermahlfeier und Sendung. Die Hauptteile sind Wortgottes- und Opfermahlfeier. Die ganze Feier mit ihren Riten ist voller Anspielungen auf die Heilige Schrift, ein Meer von Zeichen, das sich nun auftut. Der Priester handelt stellvertretend für die ganze Gemeinde und zugleich vertritt der Priester Jesus Christus. Dies wird durch das Tragen des Priestergewandes dargestellt.

Eröffnung: Im Kreuzzeichen wollen wir uns dem dreifaltigen Gott, der uns in Jesus Christus eingeladen hat, zuwenden und uns Ihm öffnen. Was uns von Jesus Christus trennt, was das wahre Leben und die Gemeinschaft stört und behindert (Sünde genannt), bekennen wir im Schuldbekenntnis. Wir übergeben die Schuld Jesus Christus und bitten um Vergebung und Heilung. Weil jede Vergebung nur vom Kreuz Christi her kommt, machen viele bei der Vergebungszusage dankend ein Kreuzzeichen. Mit dem Kyrie wird der auferstandene Retter gepriesen. Im Gloria loben wir den Vater und preisen den Herrn. Es folgt das Tagesgebet, d.h. ein Gebet speziell für diesen Tag.

Wortgottesfeier: Nun werden biblische Lesungen (Wochentags eine, an Feiertagen und Sonntagen zwei) vorgetragen. Ein biblischer Gesang (Psalm) vertieft das Gehörte. Nach dem Halleluja-Ruf wird das Evangelium vorgetragen. Die Achtung, die wir dem Auferstandenen entgegenbringen, zeigen wir mit unserer Haltung. Wir stehen auf. Darauf gibt es eine Predigt.

Die Lesungen aus der Heiligen Schrift und die Predigt haben Gottes Wort hörbar gemacht. Nun sind wir als Gemeinde aufgerufen, Antwort zu geben, durch das Ja des Glaubens und des gläubigen Lebens. Dies geschieht durch das gemeinsame Glaubensbekenntnis. Nun folgen die Fürbitten, wo wir für die ganze Kirche und für die ganze Welt beten. Das ist der Moment, wo alle Gläubigen das gemeinsame Priestertum in Anspruch nehmen und sagen: Wir als priesterliches Volk treten gemeinsam ein für die Welt.

Opfermahlfeier (Eucharistie im engeren Sinn): Nun werden Gaben von Brot und Wein zum Altar getragen, währenddessen oft eine Kollekte eingezogen wird. In den Gaben von Brot und Wein geben wir uns, all unsere Gaben, Fähigkeiten und Möglichkeiten wie auch die ganze Schöpfung in die Hände Jesu, damit Er alles wandeln kann. Die Mischung von Wasser und Wein war in den Mittelmeerländern selbstverständlich. Im stillen Gebet gibt der Priester diesem Ritus den Sinn: Wie Wasser und Wein, so sollen die Gläubigen (Wasser) mit Jesus Christus

(Wein) eine unlösbare Einheit werden. Die Händewaschung ist eine Bitte um innere Reinigung. Im Gabengebet bitten wir Gott, die Hingabe eines jeden anzunehmen und sie mit der Hingabe Jesu zu verbinden.

Das nun folgende Hochgebet (das grosse Dankgebet) beginnt mit der Präfation: *„Lasset uns danken, dem Herrn unserem Gott. – Das ist würdig und recht"*. Nun wird Gott dafür gepriesen, dass die gesamte Menschheitsgeschichte mit der ganzen Schöpfung hinein genommen ist in die allumfassende grosse Heilsgeschichte Gottes. Diese Heilsgeschichte ist bei den Heiligen im Himmel bereits zum Ziel gekommen. Mit ihnen und allen Engeln vor dem Thron Gottes verbinden wir uns und stimmen ein in die unaufhörliche Anbetung Gottes: *„Heilig, Heilig, Heilig, …" (vgl. Jes 6,3; Offb 4,8).*

In der Epiklese hält der Priester die Hände über Brot und Wein und bittet den himmlischen Vater um den Heiligen Geist, damit dieser (der Heilige Geist) Brot und Wein in den Leib und das Blut Jesu sowie die ganze Gemeinde in den Leib Christi wandle. Nun wird die Lebenshingabe, das Opfer Jesu Christi am Kreuz gegenwärtig und wirksam. An vielen Orten kniet dazu die Gemeinde und betet Jesus Christus in Seiner unübertreffbaren Liebe an. Dazu läuten oft Glocken, damit niemand diesen heiligen Moment „verschlafe".

Nun folgt der Ruf: *„Geheimnis des Glaubens"*, worauf die Gemeinde antwortet: *„Deinen Tod, o Herr, verkünden wir, und deine Auferstehung preisen wir, bis du kommst in Herrlichkeit."* Anschliessend wird dem Vater für das Versöhnungsopfer Seines Sohnes gedankt. Nun werden verschiedene Anliegen für die Sendung des Volkes Gottes (der Kirche), für bestimmte Menschen und Gruppen vorgebracht. Wir bitten, dass die jetzt gegenwärtige Erlösungskraft Jesu Christi all diese Personen, wie auch die Verstorbenen durchdringe. Mit Maria und allen Heiligen mündet das grosse Dankgebet in die Doxologie, in die Verherrlichung des Vaters durch Jesus Christus im Heiligen Geist, ein. Im *„Amen"* gibt die Gemeinde ihr bekräftigendes Ja zum ganzen Hochgebet.

Nun kommt das Vaterunser, das Tischgebet der Familie, des Volkes Gottes. Im Friedensgebet (Friedensgruss) spricht der Auferstandene durch den Priester allen Seinen Frieden zu. Nun wird das Brot gebrochen („Brotbrechen" ist die erste Bezeichnung für die Eucharistie). Wie dieses Brot gebrochen und verteilt wird, so bricht Jesus Sein Leben für uns. Dazu wird das Lamm-Gottes-Gebet wiederholt.

Dann zeigt der Priester das gebrochene Brot, den hingegebenen Leib Jesu: *„Seht, das Lamm Gottes, das hinweg nimmt die Sünde der Welt"*. Dies war das erste Wort im Johannes-Evangelium, als Johannes der Täufer Jesus sah. Dieser gleiche Jesus ist jetzt bei uns. Mit dem *„Amen"* auf die Zusage: *„Der Leib Christi"* empfangen wir die Heilige Kommunion. Dieses „Amen" bedeutet: Ich glaube, dass ich Jesus Christus empfange. Ich will zu Seinem Leib, zur Kirche, gehören und mich immer mehr in Seinen Leib integrieren lassen.[64] Die folgende Danksagungs-Stille dient dem stillen Gebet: Jesus soll mit Seiner Liebe, Kraft, ... in all unsere Beziehungen kommen. Dann folgt das Danklied und Schlussgebet.

Sendung: Nun sind wir berufen weiterzugeben, was wir empfangen haben. Für diese Sendung werden wir gesegnet. Darin empfangen wir Gottes Kraft und Beistand. Wir beenden die Feier mit unserm Dank an den Herrn.

Das Fegfeuer – der schmerzliche und reinigende Aspekt des Gerichtes

Evangelisch-freikirchliche Christen sagen oft, dass vom Fegfeuer nichts in der Bibel stehe. Katholische Christen antworten: So kann man es nicht sagen. Wenn wir das Fegfeuer richtig verstehen, dann gibt es zumindest biblische Hinweise.

Paulus schreibt: *„Wir alle müssen vor dem Richterstuhl Christi offenbar werden, damit jeder seinen Lohn empfängt für das Gute oder Böse, das er im irdischen Leben getan hat" (2 Kor 5,10).* Im Gericht wird der Herr *„ das im Dunkeln Verborgene ans Licht bringen und die Absichten der Herzen aufdecken" (1 Kor 4,5a).* In der Begegnung mit Jesus Christus im Gericht wird alles offenbar. Das Gute wird Er lobend anerkennen und das Böse wird für uns schmerzhaft sein. Unter Fegfeuer versteht die katholische Kirche dieses Schmerzhafte, die reinigende Liebe des Gerichtes. Gemeint ist der schmerzhafte Weg durch die Wahrheit des eigenen Lebens hin zur Liebe Gottes.

Biblische Hinweise

In der Bibel gibt es keine Beweise für diese Reinigung. Es gibt aber Hinweise, dass eine Reinigung nach dem (oder im) Tod für möglich gehalten wird.

---

64 Kleine Randbemerkung: Es gibt keinen theologischen Grund, warum in den meisten katholischen Gemeinden nur der Leib des Herrn gereicht wird, was sehr schade ist.

– Solidarität mit den Verstorbenen

Einen ersten Hinweis für diese Reinigung nach dem Tod finden wir im zweiten Makkabäerbuch. Der Autor berichtet, dass am Tag, nach dem Sieg der Makkabäer über Gorgias (160 v. Chr.), unter den Kleidern der Soldaten, die in der Schlacht gefallen waren, heidnische Amulette von der Plünderung Jamnias her gefunden wurden. Diese nach dem Gesetz unreinen Gegenstände waren den Juden verboten. Der Autor des Berichtes bezeichnet diese Sünde als Ursache ihres Todes. *„Da wurde allen klar, dass die Männer deswegen gefallen waren, und sie priesen nun alle das Wirken des Herrn, des gerechten Richters, der das Verborgene ans Licht bringt. Anschliessend hielten sie einen Bittgottesdienst ab und beteten, dass die begangene Sünde wieder völlig ausgelöscht werde" (2 Makk 12,40b–42a).*

Jesus sagt: *„Wer etwas gegen den Heiligen Geist sagt, dem wird nicht vergeben, weder in dieser noch in der zukünftigen Welt" (Mt 12,32).* Ist diese Aussage Jesu nicht eine Anspielung an die Möglichkeit der Vergebung nach dem Tod?

In einem anderen Zusammenhang erinnert Paulus bei seinem Eintreten für die Auferstehung an eine seltsame Praxis, nämlich sich für die Toten taufen zu lassen: *„Wie kämen sonst einige dazu, sich für die Toten taufen zu lassen? Wenn Tote gar nicht auferweckt werden, warum lässt man sich dann taufen für sie?" (1 Kor 15,29).* Wir kennen den Sinn dieser Praxis nicht. Paulus stellt diesen Brauch nicht in Frage, sondern betont nur, dass dieser absurd wäre, wenn die Toten nicht auferstehen würden.

– Im Gefängnis der Unversöhntheit

Unversöhnlichkeit bindet und sperrt den Menschen ins eigene Gefängnis. Davon spricht Jesus in zwei Gleichnissen: *„Schliess ohne Zögern Frieden mit deinem Gegner, solange du mit ihm noch auf dem Weg zum Gericht bist. Sonst wird dich dein Gegner vor den Richter bringen, und der Richter wird dich dem Gerichtsdiener übergeben, und du wirst ins Gefängnis geworfen. Amen, das sage ich dir: Du kommst von dort nicht heraus, bis du den letzten Pfennig bezahlt hast" (Mt 5,25–26).* Dort muss der Mensch *„den letzten Pfennig"* seiner Herzenshärte und Unversöhntheit hergeben.

Im zweiten Gleichnis übergab der Herr den unbarmherzigen Schuldner, dem der Herr seine riesige Schuld erlassen hat, in seinem Zorn *„den Folterknechten, bis er die ganze Schuld bezahlt habe" (Mt 18,34). „Die*

Folterknechte" kommen nicht von aussen. Vielmehr werden im Licht der allumfassenden Barmherzigkeit und Wahrheit Gottes, alle Vorwürfe, alle Unversöhntheiten, alle inneren Verhärtungen den Menschen „foltern", bis er durch und durch vergeben hat.

– „Gerettet wie durch Feuer hindurch"

Paulus gibt in einem Bild klärende Hinweise, worum es beim Fegfeuer geht. Er spricht zwar nicht direkt vom Fegfeuer, sondern vom Feuer des Gerichtes. Er schreibt an die Gemeinde von Korinth, an Frauen und Männer, die in der Taufe Christus in einer persönlichen Entscheidung als Fundament ihres Lebens angenommen haben: „*Denn einen anderen Grund kann niemand legen als den, der gelegt ist: Jesus Christus" (1 Kor 3,11).*

Das Fundament ihres Christseins ist gelegt. Die Frage ist nun: Wie leben sie nach der Entscheidung weiter? „*Ob aber jemand auf dem Grund mit Gold, Silber, kostbaren Steinen, mit Holz, Heu oder Stroh weiterbaut..." (1 Kor 3,12).* Gold, Silber und kostbare Steine als feuerfeste Materialien weisen auf Werke der Liebe, auf Werke, die dem Geist Jesu entsprechen, hin. Es gibt aber auch Materialien, die im Feuer nicht bestehen können. Sie weisen auf ein Leben hin, in dem Bequemlichkeit, Oberflächlichkeit, Lauheit, Egoismus und Sünde das Wirken des Geistes Jesu Christi behindern. So entscheidet der Mensch über sein weiteres Leben.

Doch am Ende eines jeden Lebens zeigt sich alles: „*...das Werk eines jeden wird offenbar werden; jener Tag wird es sichtbar machen, weil es im Feuer offenbart wird. Das Feuer wird prüfen, was das Werk eines jeden taugt. Hält das stand, was er aufgebaut hat, so empfängt er Lohn. Brennt es nieder, dann muss er den Verlust tragen" (1 Kor 3,13–15a).* Das heisst: Nur das wird für immer Bestand haben, was aus dem Geist der Liebe heraus gewirkt wurde. Hat der Mensch egoistisch, nach seinen eigenen Vorstellungen gelebt, so wird sein Werk, auch wenn es in dieser Welt vielleicht beklatscht und bejubelt wurde, in sich zusammenfallen. Am Ende wird er sagen müssen: „Es war umsonst. Schade, habe ich die Chance meines Lebens vertan! Ja vielleicht habe ich sogar mehr geschadet als genützt." Dies wird der Verlust sein, den er tragen muss.

Und jetzt kommt die Gnade Gottes: „*Er selbst aber wird gerettet werden, doch so wie durch Feuer hindurch" (1 Kor 3,15b).* Das Werk geht verloren, doch die Person selbst wird gerettet werden. Allerdings „*Gerettet wie durch Feuer hindurch*". Sie erlebt einen Läuterungsprozess.

Das ist ein Ansatzpunkt für das, was unter Fegfeuer verstanden wird. Es kann als der schmerzhafte Teil des Gerichtes Gottes verstanden werden. Die offiziellen Texte der Kirche reden darum nicht von Fegfeuer, sondern von Purgatorium, was „reinigendes Wirken“ besagt.

Eine Form der Erlösung

Fegfeuer ist also keine zweite Chance für diejenigen, die Gott zurückgewiesen und ein Leben in der Sünde gelebt haben. Es ist auch nicht eine Art von Sicherheitsnetz für Menschen, die sterben, ohne sich bekehrt zu haben. Das Fegfeuer ist vielmehr ein Zeichen der Barmherzigkeit Gottes für diejenigen, die versucht haben, Gott zu erkennen und Seinen Willen in ihrem Leben zu tun, und die dann im Augenblick des Todes noch nicht ganz rein sind.

Fegfeuer ist eine Weise, wie die Erlösung Jesu Christi konkret wirksam und einem Menschen zuteil wird. Wenn jemand in einer gewissen Bindung an die Sünde stirbt, muss diese gelöst werden. Es muss eine Reinigung geschehen, bevor der Mensch Gott von Angesicht zu Angesicht schauen kann.

Die Situation der Armen Seelen

In diesem Zusammenhang spricht die katholische Kirche von den „Armen Seelen“. Damit sind Verstorbene gemeint, die noch der Reinigung bedürfen. Sie sind in dem Sinn „arm“, weil sie nichts mehr für sich selbst tun können. Sie können nur warten und leiden, warten und leiden.

Doch da sie im Gericht für einen Augenblick die unfassbare Schönheit der Herrlichkeit und Majestät Gottes geschaut haben, sind sie gerne zu diesem Leiden bereit. Ihr Schmerz besteht darin, die Herrlichkeit Gottes gesehen zu haben, in brennender Sehnsucht danach ergriffen zu sein, Ihn jedoch wegen der Unreinheit, die an ihnen haftet, noch nicht aushalten zu können. Ihr Wunsch ist es, diesen Gott bald mit reiner Liebe zu lieben und Seine Gegenwart geniessen zu dürfen.

Die Armen Seelen können sich selbst nicht helfen. Weil sie aber zum Leib Christi, also zur Gemeinschaft der Heiligen, dazu gehören, können wir ihnen helfen. Denn: In der Verbundenheit des Leibes Christi sind wir eine Familie Gottes, in der alle Glieder für einander da sein und einander helfen können.

Dieser Glaube war schon früh in der Kirche lebendig. So schreibt Tertullian, 211 n. Chr., dass die Christen Gebete und die Eucharistiefeier für die Verstorbenen am Jahrtag ihres Todes darbringen. Diese

Form des Gebetes für die Verstorbenen war in der Antike etwas Neues. Denn während Heiden *zu* den Verstorbenen beten, beten die Gläubigen *für* die Verstorbenen, um die Vollendung ihrer Erlösung. Dies geschieht vorwiegend in der Eucharistiefeier.

Wie sehr dieser Glaube schon früh in der Christenheit verankert war, zeigt sich darin, dass Monika, die Mutter des heiligen Augustinus, diesen darum bat, ihrer gleich nach dem Tod in der Eucharistiefeier zu gedenken: „Denn als der Tag ihrer Auflösung nahte, dachte meine Mutter nicht daran, ihren Leib in Kostbarkeiten zu hüllen, ihn einzubalsamieren, sie verlangte kein erlesenes Grabmal, kümmerte sich um keine Bestattung in der Heimat. Nichts derartiges verlangte sie von uns, sondern bloss, ihrer am Altar zu gedenken, dem zu dienen sie keinen einzigen Tag unterlassen hatte.“ (Aus den Bekenntnissen des heiligen Augustinus)

Gute Werke, Fürbitte und besonders die Feier der Eucharistie helfen den Armen Seelen. Dabei ist „das Gebet der Schlüssel, wodurch wir den Armen Seelen die Himmelspforte öffnen“ (Augustinus). Die Hilfe kann gegenseitig sein. Denn die Armen Seelen können auch uns durch ihre Fürbitte helfen.

Die wichtigsten Marienerscheinungen

Einige Marienerscheinungen in der Vergangenheit hatten eine tiefe Auswirkung auf das Leben von Millionen von Menschen.

Guadalupe

Vor bald 500 Jahren (im Dezember 1531) erschien Maria dem mexikanischen Bauern Juan Diego. Sie trug das Kleid der Armen und unterdrückten Indianerstämme dieses Gebietes. Die Erscheinung *Unserer Lieben Frau von Guadalupe* gab den Indianern Hoffnung und den Glauben an Gottes Fürsorge. Innerhalb von sieben Jahren wurden acht Millionen von ihnen getauft. „Unsere Liebe Frau von Guadalupe“ wurde die Patronin Mexikos.

Lourdes

Die Hauptbotschaft der Marienerscheinung in *Lourdes* (Frankreich) im Jahr 1858 an die vierzehnjährige Bernadette Soubirous handelte über Maria selbst. Gott wies auf die Unbefleckte Empfängnis als ein Modell der Heiligkeit für die Kirche hin. Tausende von Menschen, die Lourdes besucht haben, erfuhren Heilung und Trost. Unzählige wandten sich neu Jesus Christus zu.

Fatima

Die vielleicht eindrücklichste Erscheinung unserer Zeit geschah im Jahre 1917 in *Fatima* (Portugal). Maria erschien drei Kindern zwischen sieben und zehn Jahren. Sie gab ihnen eine aufrüttelnde Botschaft über die gefährliche Situation der Welt und die schrecklichen Konsequenzen, die auf die Menschen zukommen, wenn sie nicht umkehren und sich Gott zuwenden. Maria offenbarte, dass das Heil sowohl Einzelner als auch ganzer Nationen davon abhängig sei, ob die Christen beten und für das Heil der Menschen bittend eintreten würden.

Medjugorje

In *Medjugorje* in Bosnien Herzegowina erscheint seit dem 24. Juni 1981 die Gottesmutter Maria, die dort Gospa genannt wird, jeden Tag bis heute. Die Hauptbotschaft ist: Das Gebet mit dem Herzen, den Rosenkranz beten, die Mitfeier der Eucharistie, das tägliche Bibellesen, das Fasten und die monatliche Beichte. Maria nennt sich in Medjugorje Königin des Friedens und der Versöhnung. Die Erscheinungen in Medjugorje sind von der Kirche nicht abschliessend beurteilt worden, was auch erst nach Abschluss der täglichen Erscheinungen geschehen kann.

Ave Maria und Rosenkranz

Das «Gegrüsset seist du, Maria» (Ave Maria)

Das bekannteste Gebet, das sich an Maria richtet, ist das Gegrüsset seist du, Maria: Es besteht aus drei Teilen: Erstens dem Wort des Engels Gabriel *(Lk 1,28): „Sei gegrüsst, du Begnadete, der Herr ist mir dir"*. Zweitens dem Wort Elisabeth's, das sie, eingegeben vom Heiligen Geist, ausgesprochen hat *(Lk 1,42): „Gesegnet bist du mehr als alle anderen Frauen, und gesegnet ist die Frucht deines Leibes"*. Und drittens der Bitte: Heilige Maria, Mutter Gottes, bitte für uns Sünder jetzt und in der Stunde unseres Todes. Amen.

Der Rosenkranz

Das Rosenkranzgebet entwickelte sich aus frühmittelalterlichen Gebeten, bei denen zunächst das Vater unser und ab dem 11. Jahrhundert zunehmend das Ave Maria einhundertfünfzigmal in Zehnergruppen gegliedert wiederholt und mit Glaubensgeheimnissen und biblischen

Texten über das Leben und Heilswerk Jesu Christi verbunden wurde.

Die heute gebräuchliche Form des Rosenkranzes geht auf den Mönch Dominikus von Preußen zurück Er fasste 1409 die Ereignisse des Lebens Jesu in 50 Schlusssätzen zusammen, die sich an den damals üblichen ersten Teil des Ave Maria anschlossen. Von da an hat sich der Rosenkranz schnell verbreitet.

Der Theologe Romano Guardini (1855–1968) schrieb zum Rosenkranzgebet: „Dieses Gebet bedeutet das Verweilen in der Lebenssphäre Mariens, deren Inhalt Christus ist.“ Ein Stück weit ist der Rosenkranz vergleichbar mit dem Jesusgebet in den orthodoxen Kirchen, bei dem ununterbrochen der Name Jesu Christi angerufen wird und auf ci ner Knotenschnur oder einem Rosenkranz abgezählt wird. Das einfache Wiederholungsgebet des Rosenkranzes kann uns dazu helfen, dass der Geist frei wird. So kann der Rosenkranz zur Entspannung helfen und zum tieferen Hineintauchen in das Geheimnis, das jeweils betrachtet wird.

Der Rosenkranz enthält mehrere verschiedene Gebete: *Das Vaterunser, das Gegrüsset seist du, Maria* (Ave Maria) und einen Lobpreis auf die Dreieinigkeit, das *Ehre sei dem Vater*. Der Rosenkranz beginnt mit dem *Kreuzzeichen* und dem Apostolischen Glaubensbekenntnis. Der Rosenkranz ist in *Gesätze* (Glaubenssätze) aufgeteilt; in jedem wird ein Aspekt oder Geheimnis aus dem Leben Jesu oder Mariens betrachtet. Jeweils fünf dieser Geheimnisse werden in einem Rosenkranz zusammengefasst.

Der Rosenkranz will eine Betrachtung der zentralen Geheimnisse des christlichen Glaubens mit Maria sein. So wie Maria Jesus ins Leben und in den jüdischen Glauben einführte, will sie uns an der Hand nehmen und in die Lebensgeheimnisse ihres Sohnes einführen. Der Rosenkranz kann auch als eine Form der Bitte und Fürbitte in besonderen Nöten und Anliegen gebetet werden.

Eine besondere Bedeutung bekam der Rosenkranz 1571. Damals bedrohten muslimische Türken akut das gesamte christliche Abendland und fielen in blutigen Eroberungskämpfen immer tiefer in Europa ein, um die Christen gewaltsam dem Islam zu unterwerfen. Ihr Vormarsch schien unaufhaltsam. In dieser furchterregenden Überlegenheit der Feindesmacht half nur noch das Gebet. So rief Papst Pius V. (1566-1572) alle Christen im gesamten Abendland zum Rosenkranzgebet auf, um die islamische Invasion abzuwehren. Die Seeschlacht von Lepanto am 7. Oktober 1571 endete mit dem wunderbaren Sieg der Christen über den Islam.

Literaturverzeichnis

Neben allgemein zugänglichen Informationen wie Wikipedia im Folgenden die wichtigsten Quellen:

De Lubac, Henri: Glauben aus der Liebe. Johannes Verlag Einsiedeln, 1970

Grudem, Wayne: Biblische Dogmatik: Eine Einführung in die systematische Theologie. Verlag für Kultur und Wissenschaft 2013

Jedin, Hubert: Das Handbuch der Kirchengeschichte. Sieben Bände. Verlag Herder Freiburg im Breisgau, 1962 - 1979.

Katechismus der Katholischen Kirche (KKK), R. Oldenbourg Verlag, D-München - Libreria Editrice Vaticana, 1993

Kirchenväter: Texte der Kirchenväter, Vierter Band Köselverlag 1964

McGrath, Allister: Der Weg der christlichen Theologie: Eine Einführung. Brunnen Verlag 3. Auflage 2013

Rahner, Karl; Vorgrimmler, Herbert: Kleines Konzilkompendium. Verlag Herder, D-Freiburg im Breisgau, 1966, 8. Auflage 1972

Schirrmacher, Thomas: Der evangelische Glaube kompakt. SCM Hänssler 1998

Schreck, Alan: Christ und Katholik – Eine Darlegung häufig missverstandener katholischer Glaubensaussagen. Vier-Türme. Münsterschwarzach 2. Auflage 1997.

Theol. Ausschuss der CE Deutschland: Theologische Orientierung. Zur Praxis der Marienfrömmigkeit. Eigenverlag der CE, Maihingen 2001

Von Balthasar, Hans-Urs: Maria für heute. Verlag Herder Freiburg im Breisgau, 1987

Bücher von und weitere Informationen zu Dr. Johannes Hartl

www.johanneshartl.org / www.gebetshaus.org

In meinem Herzen Feuer

Begleiten Sie Johannes Hartl auf seiner aufregenden Reise ins Gebet – und fangen Sie selbst dabei Feuer für das Gespräch mit Gott! Johannes Hartl hat viel zu erzählen – von seiner Kindheit in der Nachbarschaft eines Benediktinerklosters, seiner Jugendzeit voller Extreme oder seinen zahllosen Reisen bis hin zur Gründung des Gebetshauses in Augsburg. Im Rückblick erkennt er, dass die Stationen seines Lebens vor allem eins waren: eine Reise ins Gebet. An dieser Reise lässt er Sie teilhaben; er nimmt Sie mit in die syrische Wüste, in einsame Klöster, auf staubige Pfade oder in den Dschungel – und zu den Erkenntnissen seines Herzens. Fasziniert taucht man in eine ganz andere, teils fremde Welt ein – die aber unwiderstehlich lockt. Am Ende möchte man nur eins: Gott im Gebet begegnen und auf diese Weise zu einem Leben finden, das ganz von Jesus durchdrungen ist.

Die Kunst, eine Frau zu lieben

Ein überraschendes Buch. Für jeden, der die Herzensräume einer Frau entdecken und ehren möchte. Für jeden, der ihre Identität verstehen und die Sprache des Herzens lernen möchte. Sind Blumen, Romantik, Gentleman und Kunst wirklich unerlässlich? Ein Buch für Männer. Mit einem Nachwort für Frauen. – Von Dr. Johannes Hartl

Wenn die Seele weint

In seinem neuen Buch macht Johannes Hartl deutlich, dass es sehr wohl harte Zeiten in einem Leben geben kann. Aber sie sind nicht vergeblich, sondern voller Chancen für den, der sie begreift. Ein sehr praktisches Buch, leicht zu lesen und doch voller Tiefgang. Im Leid wartet eine neue und tiefe Begegnung mit Gott. Gott kennt unser Leid, es geht ihm nahe. Können schlechte Zeiten zu unseren besten Zeiten werden?

BASIC

Dieser Do-it-yourself Glaubenskurs war anfangs für Jugendliche gedacht. Doch mittlerweile schlägt er Leser aller Altersstufen in den Bann. Denn "BASIC" ist extrem praxisnah, voller cooler Grafiken und einfach eine gigantische Einführung in den Glauben (katholisch-charismatisch). Eignet sich also auch zum Verschenken an "ganz Neue".

Alle Bücher erhältlich im Gebetshaus-Shop:
www.shop.gebetshaus.org oder 0049-821-99875371

Bücher, Glaubenskurse, Vorträge von Leo Tanner

Glaubenskurse

Neu anfangen – Impulse für ein befreites Christ sein
Komm und sieh – Den christlichen Glauben neu entdecken
Vater unser – Leben im Reich Gottes
Brennpunkt der Liebe – Die Eucharistie verstehen und leben
Credo – Den Glauben kennen und bekennen

Zu diesen Glaubenskursen gibt es ein Kursbuch, Teilnehmerheft, eine Referenten-DVD-ROM und ein Video-DVD. Das Kursbuch eignet sich auch für die persönliche Lektüre, unabhängig vom Kurs.

Bücher

Nachfolge – Gottes Reich wächst! Impulse zum Lukas-Evangelium und zur Apostelgeschichte.
Sämtliche Texte werden in 209 Impulsen verständlich erklärt und geben inspirierende Impulse für die Nachfolge Jesu. Auch als Nachschlagewerk geeignet. *336 Seiten mit 18 Farbbildern*

Islam – Christentum. Eine aktuelle Herausforderung
Was ist der Islam? Wie ist er entstanden? Wie steht er zu Krieg und Terror? Welche sind die Unterschiede zum christlichen Glauben? Wie sollen wir uns Muslims gegenüber verhalten? Dieses einfach verständliche Buch gibt eine gute Grundeinführung in diese Fragen. *160 Seiten mit 17 Farbbildern*

„Willst du gesund werden?" Gottes Wege zum Heil. Mit Unterscheidungshilfen zu alternativen Heilpraktiken.
Gott will uns Menschen glücklich machen und uns in vielfältiger Weise Heilung und Heil schenken – auch heute! In diesem Buch wird Gottes Sicht über Heilung und Krankheit dargelegt und ermutigt Gottes Wegen zum Heil zu vertrauen und ihnen zu folgen. *168 Seiten*

Weitere Informationen über die Schriften von Leo Tanner im WeG Verlag sowie Impulstexte, Video- und Audiovorträge und vieles mehr finden Sie unter: www.weg-verlag.ch und www.leotanner.ch